运动员训练过程中心理监控的实证应用

冯甜　著

人民体育出版社

图书在版编目（CIP）数据

运动员训练过程中心理监控的实证应用 / 冯甜著
. -- 北京：人民体育出版社, 2023（2024.10重印）
ISBN 978-7-5009-6314-1

Ⅰ. ①运… Ⅱ. ①冯… Ⅲ. ①运动员－运动训练－体育心理学－研究 Ⅳ. ①G804.86

中国国家版本馆CIP数据核字(2023)第094729号

*

人民体育出版社出版发行
北京建宏印刷有限公司印刷
新　华　书　店　经　销

*

787×960　16开本　12印张　209千字
2023年9月第1版　2024年10月第2次印刷

*

ISBN 978-7-5009-6314-1
定价：65.00元

社址：北京市东城区体育馆路8号（天坛公园东门）
电话：67151482（发行部）　　邮编：100061
传真：67151483　　邮购：67118491
网址：www.psphpress.com

前　言

运动员如何从经年累月的训练中获得提升是一个非常复杂的过程。运动技能训练中，对运动员的心理状态进行监控是不可或缺的环节。以传统心理测量技术、神经反馈技术等心理训练与咨询实践为基础，当前运动心理监控研究将目光转向了可穿戴设备、VR场景及认知神经科学手段。因此，阐述众多研究手段和方法是如何运用到运动心理监控的日常实践中、涵盖了哪些内容、在监控过程中是否有其他外部因素的影响，是本书撰写的初衷。

本书共包括三个单元。第一单元是从运动员训练过程中的心理学理论出发，介绍了与运动员训练过程中心理监控相关的概念、理论及应用，并以预判、心理旋转、运动员倦怠等主题为出发点，梳理了国内外相关研究的发展趋势。第二单元主要为训练过程中心理状态监控的实证研究，其中包括运动员决策能力、空间认知能力和负性心理状态三个章节的内容。在每个章节之下，该主题的相关理论、经典研究方法、研究领域更变发展及作者主导的系列性实证研究逐一呈现。在本书的第三单元，我们将目光转向训练过程中以社会因素为主的外部因素的影响作用，并尝试探索了运动员社会交往中的教练员与运动员关系，及运动员天赋发展的社会历程等相关主题。

由于个人学术水平有限，在书稿的撰写和呈现中难免有诸多不足，敬请专家和读者批评指正。对于书中所引用的专家及学者的成果和资料，在此表示感谢。感谢我的先生李亚伟在本书编写过程中提供的莫大帮助，没有他的支持这本书不可能完成。最后，衷心感谢人民体育出版社的领导和编辑们的大力支持与帮助。

冯甜

2023年4月于郑州

目　录

第一单元
运动员训练过程中的心理学理论

在当前运动员的训练过程中，心理学及心理训练技术已经渗透到日常训练的各个方面，在运动员心理状态监测、心理技能提升以及辅助训练比赛中起到了不可忽视的作用。反观这一发展历程：从20世纪80年代主要以心理测量与评定技术对不同运动项目的运动员进行心理特征评价；到90年代通过结合心理测量技术与心理训练和心理咨询，提高心理调控能力；再到2000年左右，心理技术结合运动项目特点与运动员个人特点进行心理训练和咨询；至最近10年心理测量技术的专业化与系统化，运用认知神经科学技术预测运动表现，以及可穿戴设备与神经反馈技术的结合等（赵祁伟等，2020；周成林、赵洪朋，2009），可以看出越来越多的研究尝试借助不断更新的心理学手段，深入阐释运动员训练过程中的行为机制和心理过程。

第一章　概念与应用

第一节　概念

一、运动员心理状态

心理状态是个体在一定情境下各种心理活动的综合表现。前心理学家列维托夫认为，人的心理活动可以分为心理过程、心理状态、个性心理特征。心理过程是不断变化着的、暂时性的，个性心理特征是稳定的，而心理状态则是介于二者之间的，既有暂时性又有稳定性。一个人在某一时间段的心理状态，是当前事物长期存在引起的心理过程、过去形成的个性特征和以前的心理状态相结合的产物（王宝明等，2016）。在竞技运动比赛中，运动员的心理状态往往决定了比赛成败。因此，有研究者认为，对运动员在比赛中的心理状态进行客观分析并提出相适应的心理调控方案是竞技运动心理学理论研究和实践应用的最重要任务之一（施之皓等，2015）。

二、运动员心理监测

随着技术的发展，心理监测的手段也在不断革新。与传统的文献资料、现场观察、问卷调查、追踪测试、个案分析、专家访谈、口语报告等方法不同，最新的心理监测方法包括脑像图、脑电地形图、脑电波超慢涨落分析技术、心率变异性等（张忠秋，2012）。此外，根据运动专项的不同，运动员心理监测的指标主要包括心理与神经疲劳状态、注意力水平、专项认知水平、心理技能水平、比赛心理兴奋点的状况、团队凝聚力等（田野等，2008）。

三、运动员心理训练

心理训练是指采用专门方法施加于当事人，以改善他们心理能力的过程。它包括注重心理知识、技能、方法掌握的心理训练以及与此密切相关的注重良好心理状态形成的心理咨询（姒刚彦、蒋小波，2011）。在运动训练实践中，常用心理训练包括表象训练、放松训练、系统脱敏训练、模仿训练和生物反馈训练等。以心理状态的监测为基础，心理训练的应用能够帮助运动员调节情绪、放松身心、提高唤醒和注意力，帮助运动员在训练和比赛中保持成绩、取得突破。

第二节　理论及应用

周成林等曾对心理技术在我国竞技运动中的应用进行了系统性回顾，指出“心理技术在竞技体育中应用效益评定方法、理论及内在规律的探索，必须借助于高科技手段掌握运动员大脑变化的规律，借助于心理科学创新技术的不断开发和应用，才能更好地解决今后我国竞技体育运动中面临的各种问题”。在运动员训练过程的心理监测和训练过程中，诸多理论为心理实践指明了方向，主要包括自组织理论、认知加工理论、“Choking”理论、自我控制理论等。

一、自组织理论

李捷近来提出运动技能形成自组织理论。该理论认为，人体运动能力的提高，实际上是一种适应与进化双重的反映。生命除了生存以及不断适应环境外，其本身也在进化和适应，这是一种共同的进化。运用自组织理论，研究强调了脑功能对运动训练和竞技状态调控的重要性，以脑波超慢涨落分析技术作为该理论指导下训练过程的评定手段。学者还设计了高级运动训练状态监控仪，用于评定运动员竞技能力、训练强度、中枢疲劳、应激程度、学习能力等（姚家新等，2008）。（图1–1）

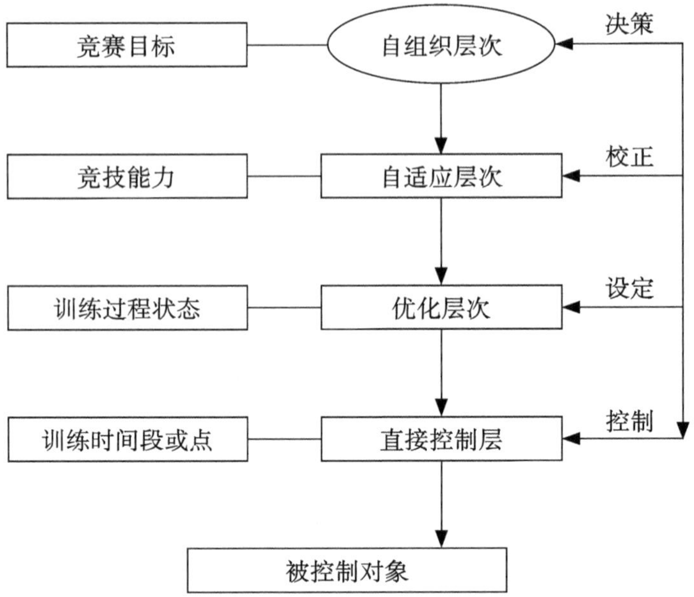

图1-1　自组织理论下运动训练系统的层次性

二、认知加工理论

人的反应控制能力一般是通过生物遗传发育获得的，绝对提高反应速度很困难。因此，训练的作用在很大程度上使原来具有的最高反应速度得到稳定性发挥，而其训练提高的核心是缩短思维过程的选择、区分、判断时间，提高中枢分化抑制能力，促进复杂的预测性反应能力的发展提高（张铁民等，2009）。

为了对运动决策情境中的信息加工的独特性进行解释，学者以开环控制理论为基础提出了运动决策认知加工理论模型。开环控制理论主要用来解释快速动作行为，运动决策项目通常要求在极其有限的时间与空间条件下做出运动决策。认知加工理论认为，信息加工始于信息输入，而信息输入就是一个选择性注意的过程（王洪彪，2013）。（图1-2）

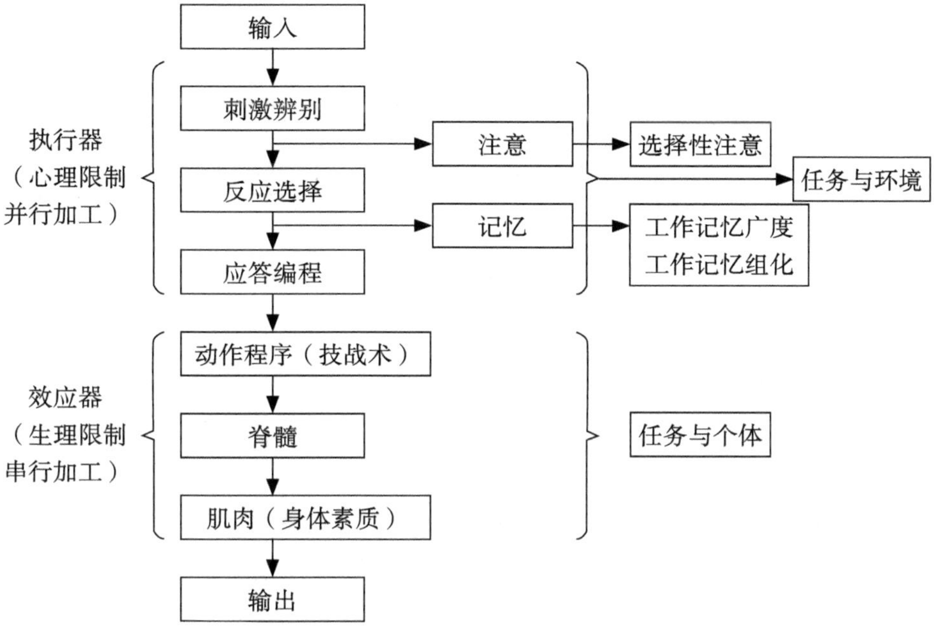

图1-2　运动决策情境中认知加工理论模型

三、“Choking”理论

体育竞赛中的“反胜为败”现象，在心理学上被称为压力下的“Choking”，即在比赛关键时刻或在重大赛事中运动员出现技术变形、反应变慢、连续失误，或犯一些简单错误，最后输掉了不应该输的比赛。据此，王进提出了“Choking”过程综合理论模式，用以解释这一现象发生的机制（王进，2004）。首先，初始过程为认知阶段，一旦运动员感知到压力（如获胜压力），其自我感知和比赛焦虑将相互作用，进而增加对比赛结果重要性的认知。同时，压力认知会强化自我感知和焦虑状态。接着，比赛结果重要性的认知决定了压力应付策略、任务特征和技能水平，该阶段主要过程包括决策和任务执行。整个过程由始到终，形成阶段发展，反映认知—执行的单向发展模式，揭示“Choking”发生机制。（图1-3）

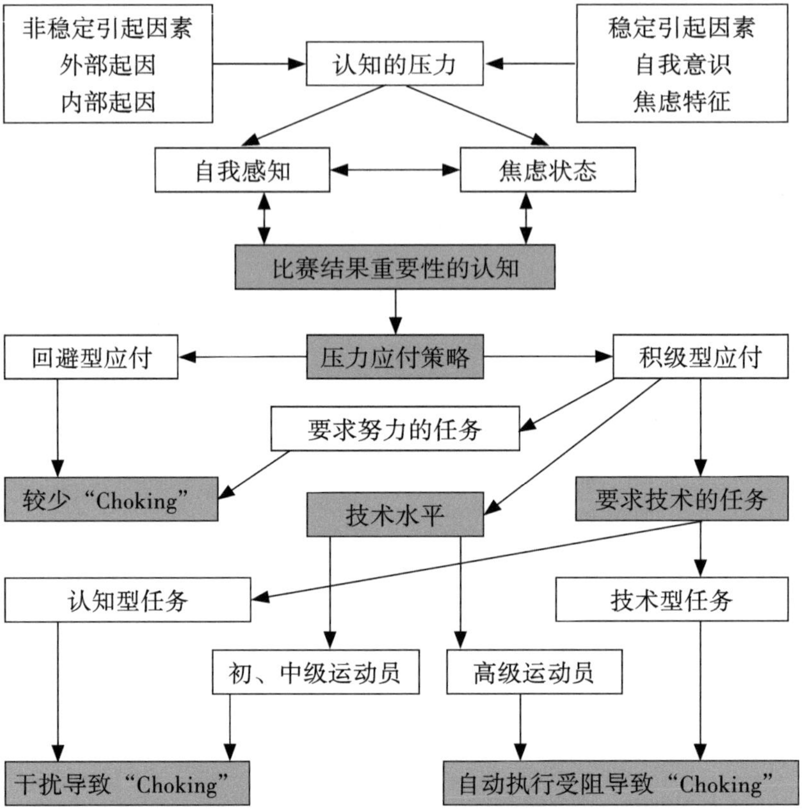

图1–3　“Choking”过程综合理论模式

四、自我控制理论

自我控制是指个体改变、调节、变更或者克制冲动、欲望与习惯性反应的能力。运动员的长期目标是取得优秀的成绩，为达到该目标，需要在竞赛中保持良好的情绪、思维、动作及注意控制（张寒梦、张力为，2019）。近年来，张力为围绕运动员自我控制进行了一系列研究。通过设计运动监控计划，研究发现运动监控可有效提高自我控制能力，进而发展出一系列训练方法。自我控制训练是指：为提高个体自我控制能力而进行的反复的、有规律的、能够动用自我控制资源的练习。以自我控制力量模型和控制论为理论基础，可将自我控制训练划分为抑制性自我控制训练、坚持性自我控制训练和综合性自我控制训练（张烨、张力为，2017）。

第二章　现状与发展趋势

第一节　国外研究

随着竞技体育全球化的快速发展，运动员在竞赛和训练过程中的竞争形势也发生了巨大的变化，然而运动员的技战术水平和身体潜能或许已逐渐被挖掘至极限，以至于运动员的心理训练更备受关注。实际上，国外的体育科学研究人员对于运动中的心理训练已展开了近百年的研究。19世纪末，运动心理学在现代体育科学体系的确立之初便已诞生，运动心理学的前身被称为动作心理学，动作心理学主要是针对与动作相关的多种因素进行研究，从而奠定了运动心理学最初的理论基础和起源。1892年雅斯特罗（Jastrow）就已经在研究中发现了表象过程中有肌肉的活动现象。1899年，伍德沃思（Woodworth）发现动觉判断的准确性和动作速度的研究。在第二次世界大战期间，相关的研究受到了较大的影响，对于心理训练的文献记载较少，基本属于被搁浅的状态。在第二次世界大战以后，科学技术水平发展迅速，现代奥林匹克运动在世界各国得到了很好的推广，体育运动也受到了一定的重视，各国对于运动员在竞技比赛和训练中的心理训练进行了较大的关注，从而促使心理训练的理论和实践研究进一步加深。

从20世纪60年代起，俄罗斯、美国、加拿大等国家对于运动员的心理训练逐步形成了一套完整的训练计划。1965年，第1届国际运动心理学大会在意大利的首都罗马顺利举行，本次大会的主题集中在运动员在训练和比赛中的心理准备。20世纪70年代，美国对于运动员心理的自我调整训练进行了大量的实验。1978年，苏联对培养高水平运动员制定了一套心理学保障体系，该体系主要包括运动员自我状态的监督方式和自我状态的调整方法。20世纪80年代，德国、俄罗斯、美国、英国、意大利、日本等国家的心理训练水平较为领先，这些国家的运动员竞技水平也相对较高，在奥运会比赛奖牌榜中均在前列，这些国家对运动员的心理训练进行了多方位的研究，在运动员训练过程中保持着不间断的心理训练，训练的形式也多种多样，其效果也较为明显。在该时期，科学技术快速发展，运动训练的科学化逐渐被引入训练中，科学技术也被大量地引入心理训练中，从而大幅度提高了心理训练的水平。

近年来，运动员心理训练的研究和相关证据的专项化和应用性得到了进一步的提升，各国学者在竞技的基础之上对运动员心理训练的形式、内容和频率等深入研究，发现了不同的训练形式、频率存在明显的差异，并通过相关的运动生理和运动生化的指标来研究和监控运动员心理训练的情况，如生理活动中的皮肤电、皮肤温度、脑电、肌电等；如生化指标中去甲肾上腺素的变化、脑细胞神经介质的释放等，此类相关研究对于运动员心理训练提供了大量的客观指标，也促使运动员的心理训练更具科学依据。现如今，各国学者对高水平运动员心理训练的监控进行了富有成效的研究，多数教练员希望对运动员的心理训练的监控机制能像技战术和体能训练一样更具有实效性和操作性。然而，对运动员心理监控的研究专题也具体到了运动员的空间知觉、运动员倦怠、运动员心理坚韧、运动员心理旋转等方面，这些研究充分表明了运动员心理训练监控的重要性和多样性。在众多研究主题中，本书主要关注的是预判、心理旋转、运动员倦怠等主题。

心理旋转又称表象旋转（Image rotation），是个体在空间中保持和操作物体进行旋转的能力。在日常生活中，我们经常会遇到这样的情景：看到一幅倾斜或倒置图像，会在心里想象图像旋转多少度后恢复正立。相反地，一些人则能够快速地辨认图像内容，这与其良好的个体心理旋转能力有关。正因如此，心理旋转常被用于代表空间能力或空间视觉化能力（Shepard，Metzler，1971；Vandenberg，Kuse，1978），其已成为评价学生“STEM”（Science，Technology，Engineering，Mathematics）学科能力的重要标准（Kell等，2013）。一个人的心理旋转能力高低，通常依据其在心理旋转测试（Mental rotation test）中的反应时和正确率来判断。对于个体的心理旋转能力的考察通过心理旋转测试完成，任务是让被试判断两个图形经过旋转后是否为相同（Shepard，Metzler，1971），测试要求在电脑上向被试呈现一对由方块组成的手柄状三维图形，这两个图形是经过0° 到180° 旋转后的相同或镜像图形，被试需要判断两图是否相同。谢帕德（Shepard）等发现，随着旋转角度的增加，被试做出判断的时间也随之增加。心理旋转测试的刺激类型按内容分为字母、抽象方块图形以及人体姿势或手部图形，按维度分为二维图形和三维图形。也有任务只呈现一张图片，要求被试对字母正镜像或人体某一侧手臂举起进行单侧判断（Steggemann等，2011）。需要注意的是，研究发现由于熟悉程度不同，被试对不同内容和维度的图形的反应时均存在差异（Petra Jansen等，2012；Moreau，2013），因而运用不同刺激的研究可能出现不同的结果。在当前研究中，对心理旋转能力的考察包括心理测量的纸笔测试（Paper-and-pencil tests）和电脑计时测试（Computer Chronometric tests）两种方式。此外，心理旋转包括两种不同的表征方式，分别是客体表征（Object-based transformations）和主体表征（Egocentric transformations），它们广泛地存在于我们的日常生活之中，并受到个体进行操作和变换自身或物体的经验的影响。客体表征是被试以第三人称的视角（客观参考系）想象空间中的物体进行操作。例如，在一场篮球比赛中，球员总是需要在比赛间歇聚集在教练身边接受战术指导，对那些面向教练站立的球员而言，只能倒置地阅读教练手中的战术板，这是一种客体表征。在这种表征方式中，观察者将自身位置固定，操作物体进行变换。因此，客体表征的任务刺激通常是成对出现的，任务要求被试进行相同与否的判断。主体表征是被试以第一人称的视角（主观参考系）想象自己在空间中进行转换。举例而言，在倒车入库之前，多数司机在头脑中已有大致的行驶路线，这样能确保他们不会偏离合适的方向太远，这是一种主体表征。在这种表征方式下，物体保持固定，观察者通过变换自身的角度或方位建立与物体间的关系。在测试任务中，主体表征的任务刺激单个出现，要求被试进行单侧或正镜像判断。在以往研究中，主体表征被认为是与身体动作密切相关的心理旋转能力。

心理旋转能力与个体的学习、工作以及活动参与经验相关（Habacha，Molinaro，Dosseville，2014）。工作领域的研究表明，外科医生、飞行员、牙医、工程师、运动员等包含复杂空间操作的职业者表现出优于常人的心理旋转能力（Hegarty，Waller，2005；Moreau，2015）。因此，体育活动参与和心理旋转能力间的关系值得进一步探讨。

旋转是体育运动中常见的技术动作，体操、跳水项目中的翻腾、转体，篮球、足球运动员的转身，都是通过身体围绕某一轴进行旋转而实现的。在练习和比赛的过程中，运动员除了实际执行动作外，还会运用表象在头脑中演练技术，这种对旋转的表象就是心理旋转能力。举例而言，体操运动员在学习新动作时经常提前在心中表象空翻或转体后的朝向，而篮球比赛中球员需要提前把握运球转身动作及方向。可见，良好的心理旋转能力可以帮助运动者在竞赛中预知自身或对方的运动轨迹和空间方位，从而做出快速准确的判断。研究证实，心理旋转能力与运动水平之间存在显著正相关关系（Moreau等，2011），心理旋转能力的提高甚至能够降低运动者肌肉拉伤的概率（Yamada，Mastumoto，2009）。因此，在相关项目中开展心理旋转研究具有重要意义，而在运动训练早期考察心理旋转能力，也能为包含复杂空间信息的运动项目提供科学选材依据。

在运动领域中，心理旋转的研究主要探讨了不同运动水平、项目类型和性别差异的运动者的心理旋转能力。

一、运动水平

具身认知的观点提示我们，个体运动水平越高、经验越丰富，心理旋转能力应当越强。集中在体操、足球、摔跤、定向运动等项目的研究发现，运动员在三维抽象图形和人体图形心理旋转测试任务中的成绩显著高于非运动员，同一项目中专家运动员的心理旋转成绩显著高于新手运动员（Petra，Jansen等，2012；Moreau等，2011；Petra，Jennifer，2013；Schmidt等，2015）。此外，以不同专业大学生为被试研究也发现，体育专业学生的心理旋转能力显著高于其他专业，这一结果与体育专业的课程学习和运动训练有关（Pietsch，Jansen，2012a）。然而，一些研究却报告了不一致的结果，施米特（Schmit）等发现大学跑步俱乐部队员的心理旋转速度和心理旋转成绩与没有运动习惯的学生相比不存在差异（Schmidt等，2015），他们认为，这一结果是跑步等项目对旋转表象的需求较低导致的。因此，一些研究者具体关注不同运动项目的运动者心理旋转能力的差异。

二、项目类型

来自不同项目的运动经验对心理旋转能力发展的影响可能存在区别。莫洛（Moreau）等将击剑、柔道和摔跤运动员与跑步运动员比较，发现前者心理旋转能力更高，原因是在对抗性项目中运动员需要运用不同策略应对各种复杂的比赛环境（Moreau等，2011），还有研究发现体操和定向运动参与者的心理旋转能力优于足球和跑步（Petra，Jennifer，2013；Schmidt等，2015）。据此，研究者进一步提出，心理旋转任务刺激与运动经验的相关度越高，运动员的绩效应当越好，且不同项目运动者的心理旋转能力表现出“选择性影响”特征。哈巴查（Habacha）等运用足球和手球的持球图片作为心理旋转任务的刺激图像，并设置垂直轴和水平轴两种旋转方式，他们发现足球、手球运动员在垂直轴旋转的任务表现优于水平轴旋转，且足球运动员对足球持球图片的反应时更快，他们认为这种选择性影响来自运动项目对相关动作的练习量差异。其他研究也证实，在手部心理旋转任务中乒乓球运动员对自身惯用手的反应时更快，以及体操运动员在包含三轴旋转的人体心理旋转任务的成绩优于足球运动员和非运动员（H. Habacha，C. Molinaro，M. Tabben等，2014；Jansen，Lehmann，2013）。

除了针对某项运动的研究报告外，研究者认为就闭锁性项目而言，开放性项目涉及了更加复杂多变的空间因素，因而试图通过将运动项目归类来考察心理旋转能力。塞尔维（Sylvie）等选取对心理/身体旋转要求程度不同的项目运动员以及非运动员，哈巴查等将运动项目根据空间因素的复杂程度分为空间性和非空间性项目，然而都未能发现组间差异（Habacha，Molinaro，Dosseville，2014；Sylvie等，2002）。此外，塞尔维等假设开放性项目运动员的心理旋转能力要高于闭锁性项目，结果显示两组被试在反应时和错误率上均没有差异（Sylvie等，2004）。但是研究者发现开放性项目运动员比闭锁性项目运动员的平均反应时快93ms，这一优势能够保证个体在竞赛情境中做出有效判断。此外，近期一项研究也未能发现团体项目和个人项目参与者的心理旋转能力差异（Pasand等，2015）。

研究结论的不一致，可能受到了项目分组和实验任务的影响。一方面，就项目分组依据而言，尽管一些研究区分了开放性项目或闭锁性项目，团体项目或个人项目，但对于项目筛选缺乏合理性，哈巴查等认为塞尔维等研究中球类项目和摔跤或柔道应当属于高空间旋转因素的项目（Habacha等，2014）。另一方面，研究发现由于熟悉程度不同，被试对不同内容和维度的图形的反应时均存在差异（Jansen等，2012；Moreau，2013）。有趣的是，报告了项目差异的研究都采用三维方块或人体图形作为刺激材料，而没有发现项目差异的研究（除哈巴查的研究可能存在分组问题外），均采用字母或二维抽象图形作为刺激材料，证实了不同类型的刺激材料可能导致研究结果的不一致。

三、性别差异

性别差异是空间认知领域被广泛关注的议题之一，大量研究证明男性的空间认知能力优于女性（Hegarty，Waller，2005）。研究者从认知能力可塑性的观点出发，认为男性和女性运动者在积累运动经验的过程中，心理旋转能力得到了同等程度提升，使得性别之间的差距依然存在（Pietsch，Jansen，2012b；Schmidt等，2015）。然而，研究发现空间能力差异除了受大脑功能偏侧化、性激素、大脑大小等个体生理因素的影响外，还受社会环境因素以及活动参与的影响（Peters等，2007；Siegel-Hinson，McKeever，2002）。根据以上观点，对于从事运动训练多年、经验相似的男女运动员而言，性别差异是否能够得到弥补？近几年，有研究认为性别差异能够通过参与活动来弥补，具体表现为女运动员从活动中获得更大提升（Habacha，Molinaro，Dosseville，2014）。他们认为女性在活动参与中改善了视觉搜索行为，因而在心理旋转任务的感知过程或编码过程中表现更好（Petra Jansen等，2012），使得心理旋转分数提高。但当前仍存在研究结论的不一致，原因可能仍与刺激类型有关，有研究证实运动者在人体图形任务中表现出的性别差异显著小于抽象图形（Petra，Jennifer，2013）。

与许多运动领域的关键概念一样，运动员倦怠（athlete burnout）也发展自其他研究领域。弗罗伊登伯格（Freudenberger，1974）最早在工作领域开始倦怠研究，他们首先对纽约一家康复中心志愿者的工作倦怠情况开展调查，而后，马斯拉奇等人（Maslach，Jackson，1984）也发现一些律师在工作中表现出疲倦、厌恶以及承诺感下降的现象，并据此提出倦怠包括三个维度：情感耗竭（emotional exhaustion）、去人性化（depersonalization）以及成就感降低（reduced sense of accomplishment）。这一概念提出为后续研究提供了理论支持，推动了工作倦怠理论的发展，更多学者开始关注如何评价、预防以及恢复倦怠现象。在运动领域，倦怠研究始于卡塞塞和梅尔斯贝格

（Caccese & Mayerberg）（TM，K，1984）对教练员倦怠现象的调查，但当时仍沿用工作倦怠的概念和结构，并未发展出更适合运动领域的倦怠理论。而后，雷德克（Raedeke，1997）为揭示运动员倦怠的本质，通过对游泳运动员的研究，提出运动员倦怠是指一种包括情绪/体力耗竭（psychological/physical exhaustion）、运动负评价（devaluation of sport）和成就感降低（reduced sense of accomplishment）三种特征的综合征。其中，情绪/体力耗竭是指大强度训练和比赛引起运动员身体能量和情感资源的过度消耗；成就感降低是指运动员经常感到技术水平没有提高甚至有所降低，认为自己无法实现个人目标，难以达成自己的预期；运动负评价是指运动员对竞技表现和运动本身失去兴趣、漠不关心，甚至出现抵触情绪。其中，研究者用运动负评价替换了先前倦怠概念中的去人性化维度，雷德克解释说，去人性化所指的消极态度和行为是服务者对他人的表现，而运动负评价则是运动员对项目本身以及运动成就的负性观点。此外，由于运动员职业的特殊性，运动员倦怠概念增加了体力耗竭的内容。

运动心理坚韧性是指运动员能够有效地克服压力，且在压力情境下能保持良好表现的心理特质。有学者将心理坚韧性分为特质心理坚韧性和状态心理坚韧性，认为特质心理坚韧性强的个体在压力情境下能够表现出更高的心理坚韧性状态，在遭受威胁时表现出更多的忍受痛苦、坚持不放弃、有求胜意志的行为（Goodger K，2007），从而积极应对运动员倦怠的出现。心理坚韧性包括自信、坚定和控制感，张力为提出运动员的自控感是影响心理疲劳的最重要因素，两者的关系是运动员倦怠研究的重要切入点（张力为等，2006）。此外，认知—情感模型强调认知评价发挥着重要的衔接作用，如果运动员将知觉要求为较高水平且自己缺乏应对资源，即要求和应对资源之间出现不匹配的现象，将会导致“压力”的出现。在运动员倦怠的作用过程中，存在发挥中介作用的情境性变量，影响运动员的内部认知评价过程，进而影响运动员倦怠的产生。梳理文献发现，积极情绪可能在希望和心理坚韧性对运动员倦怠的影响过程中起中介作用。弗雷德里克森（Fredrickson）认为积极情绪由个体内外部刺激的共同作用产生，是对个人有意义的事情的独特即时反应，是一种暂时的愉悦，并提出积极情绪的扩展—建构理论。该理论认为积极情绪能够激活个体的行动趋向，扩展认知范围，增强认知灵活性，从而影响认知评价，撤销高激活状态下机体的不平衡反应。

第二节 国内研究

运动心理训练在我国的开展起步相对较晚，20世纪70年代随着竞技体育国际化的快速流通，运动心理训练受到了国内学者的关注。1975年，程义润最早翻译的《盖利安德逊的建议》一书，讲述了美国奥运射击冠军给予西德射手和射击教练员的一些建议。文中谈到教练员应该是一个善于引导的心理学家，并且应该能最大限度地消除运动员的不良心理因素，对于射击运动员的个性发展能够施加影响。这篇文章是我国国内最早在学术期刊上发表的关于运动员在训练中应重视心理因素管理的研究，此时我国只是引入了相应的训练理念，并未在训练中开展心理训练。1978年，周湘泉发表《游泳运动员比赛时心理障碍的表现及分析》一文，该研究对1978年全国游泳比赛（南宁）中参赛的247名运动员和教练员进行调查，讨论了游泳运动员在训练中运用心理训练的方法，这也是我国首次提出在运动训练中运用心理训练，并提出心理训练的重要环节等。然而这一时期我国国内大多数体育研究人员还没有认识到心理训练的重要性，心理训练仍处于萌芽状态。

自20世纪80年代开始，许多学者在学习西方先进的运动员训练理念和技术的同时，也投身于运动心理训练的研究当中，从而备受国家体育总局、各体育院校、各个地方体育科学研究所的重视，并成立了运动心理训练研究室和开展运动心理训练课程，运动心理训练更具科学性和系统性。自中国体育科学学会运动心理学专业委员会成立以来，有效地解决了我国高水平运动员在训练和比赛中遇到的多种心理问题，这也表明了我国心理训练进入了全新的时代。白微提出：“心理技能训练是有目的、有计划地对运动员的心理过程、个性心理特征施加影响的过程，也是采用特殊的方法、手段使运动员学会如何调节和控制自己的心理状态，从而改变自己的运动行为的过程。”丁雪琴、刘淑慧认为：“心理训练是人类控制和自我控制范围，心理训练是运动员对自己进行自我指导和教育的过程。”从相关学者的研究中可以看出运动员心理训练应放眼于自我心智和良好心理素质的培养，以控制和调节自我的心理状态。1980年，文光藻初步定义运动心理训练，并进一步介绍了放松训练、控制训练、模拟训练、生物反馈技术、想象训练等国外成熟的心理训练方法。1990年，李京诚和张力为在《体育教学》上发表的译文《世界运动心理学研究的新成果及发展趋势》中首次提出了心理技能训练（mental training or psychological skill training），研究中列举了较多运动心理训练技能和方式，并证明了心理训练是当今运动训练的研究重点之一。

20世纪90年代起，我国高水平运动队开展了多种形式的研究课题和科技攻关项目，同时积极地学习和引进国外的先进训练理念和训练手段。1994年石岩探究了生物反馈式放松控制训练对女子射箭运动员稳定性的效果。1999年张忠秋验证了赛前系统的心理训练对增强运动员心理稳定性是可行且有效的等。这一时期的研究者对运动员心理训练的机制进行了较丰富地研究，运用相应的生理学和生物化学等数据来验证心理训练的效果。

从20世纪70年代到21世纪初，我国运动心理学的研究者们通过不断地探索，在我国高水平运动员的心理训练和竞赛心理服务方面有较丰富的研究成果，在2001年由钟秉枢主编的《现代运动训练方法》丛书中收录了张力为编写的《现代心理训练方法》，书中提出了大量的心理训练的方法和种类，并进一步提出了心理训练的实时监控的重要性及意义。2004年，周成林发表的《自由式滑雪空中技巧运动员主要技术与心理控制研究》一文中，提出现场监测与反馈训练能有效地提高运动员助滑速度知觉的控制能力，从而保持运动员技术水平正常发挥。2004年，周未艾等人发表的《中国跳水运动员大脑机能监控研究》提出，与乒乓球、短道速滑等相比，优秀跳水运动员的大脑唤醒水平值与其相同，但能量比值较低，可能是跳水项目的特点。2008年，田野等人发表的《优秀运动员运动训练科学监控与竞技状态调整》中指出，运动训练的科学监测包括身体机能诊断与监测、运动技战术诊断与监测、心理状态诊断与监测等多方面。在优秀运动员心理状态评价上，根据运动专项的不同，心理状态诊断和评价指标主要包括：心理与神经疲劳状态、注意力水平、专项认知水平、心理技能水平、比赛心理兴奋点的状况、团队凝聚力等；研究重点介绍建立个体最佳竞技状态模型、竞技心理状态调控方法等。

2009年，张忠秋对中国跳水队备战北京奥运会的心理科研服务工作进行了介绍，分析了表象训练、生物反馈训练、赛前行为程序训练等对运动员竞技能力提高的效果，并通过相应的科学手段对运动员的心理训练进行了科学的监控。可以说这些研究充分表明了我国运动心理训练系统的完备和科学的成熟。2012年，张宇等人发表的《自由式滑雪空中技巧国家队队员冬训期心理状态的监控与分析》一文中指出，对于自由式滑雪空中技巧项目运动员进行心理状态监测是非常必要的，对运动员采取的心理调节策略、方法应具有鲜明的个体性。2012年，张忠秋在《运动心理学在竞技体育领域的研究发展与应用》一文中提出，心理领域的领先技术如电脑电图（EEG）、事件相关电位（ERP）和电脑象限图（EEQG）等被用于诊断运动员运动时的心理状态或训练效果。心理监控与运动实践的联系是最紧密的，心理监控也正在向着系统化与专业化的方向一步步迈进，现代技术如CAS计算机辅助运动技术、Observer行为观察分析软件、FaceReader软件、Virtual-Reality仿真系统（虚拟现实）等已经在训练或比赛中得以应用。随着我国运动心理训练研究的学者们不断地努力和付出，我国的运动心理训练的监控已进入了新的时期，除不断地总结我国已有的研究成果和训练经验外，还进一步学习和借鉴西方先进的研究成果，并不断地探寻更多心理训练监控的形式和思路，为世界运动心理训练研究贡献积极的力量。

第二单元
训练过程中的心理状态监控

这一部分的主要内容为训练过程中心理状态监控的实证研究，其中包括运动员决策能力、空间认知能力和负性心理状态三个章节的内容。在每个章节之下，该主题的相关理论、经典研究方法、研究领域更变发展及作者主导的系列性实证研究逐一呈现。通过这种方式，第二单元探讨了篮球运动员动作预期的偏向特点、不同项目和水平的运动员心理旋转的脑认知差异，并展示了优秀游泳运动员心理疲劳的质性证据。

第一章　运动员决策能力

第一节　预判的理论

预判（anticipation）又称知觉预判（perception anticipation），是指利用外界或先行信息预测未来事件的信息加工与整合，自20世纪80年代起就受到了认知心理学家和运动心理学家的广泛关注。在体育运动中，大至比赛趋势预测、技战术设计，小至运动员的跑动路线和运动器械飞行轨迹的把握，都无一例外地包含了预判的过程。以篮球投篮为例，作为比赛中唯一的得分方式，投篮运动员及其队友需要预测能否命中来决定是否需要补篮，对手也需要通过这种预判来选择抢篮板或是快速反击。因此，运动领域中的预判是运动员在不断变化的运动情境中，对重要先行信息的提取、判断和分析，为准确、快速的动作反应提供依据。

对于运动领域中预判的研究，大多关注运动经验对预判能力的影响。以往研究发现，运动经验丰富者的预判能力更优（Mori，2002）。针对这一现象，研究者提出了不同理论进行解释，分别为先验说、经验说、元认知说和整体趋势说。先验说认为运动专家知觉预测的认知优势是由于他们具备更优的视觉物理硬件所致，如视敏度、深度知觉、外周视觉、简单反应时和眼动技能等。经验说认为运动专家知觉预测等认知优势是后天培养的结果，得益于专项知识经验的积累，研究者对不同年龄段的羽毛球运动员和新手运动员进行了比较研究，发现专家组比新手组在各年龄层次上表现出更大程度的预期能力（Jin，2011）。元认知说认为专项知识经验的获取是感觉、知觉、记忆、思维等共同作用的结果。整体趋势说认为信息加工能力的发展是以和谐的、同比率的速度在发展。从现有研究成果看，经验说得到了更多文献的支持，即后天习得的知识和经验是专家知觉预测认知优势形成的主要影响因素，本课题也是以运动专家预判的经验说为理论基础开展研究。

第二节　预判的研究方法

一、预判的研究范式

心理模拟理论认为，在被试观看运动图像并进行预测时，大脑皮质与皮质下结构和实际运动的神经表征重叠（Jeannerod，2011）。因此，运动心理学研究者通常使用不同的研究范式，要求运动员在显示屏前观其项目的某一片段并据此进行判断，来解释运动员预判能力的机制。目前，对于运动情境中的预判能力的研究大多采用专家—新手范式和视觉阻断范式。首先，专家—新手范式即选择不同运动经验的研究对象，并比较他们的认知能力水平。其次，视觉阻断范式包括时间阻断范式和空间阻断范式。时间阻断是指让被试观看连续的视频或者连续的图片，研究者对这些刺激进行了筛选剪辑，使其呈现关键点和与之相关的信息，当刺激结束，被试要对未呈现内容做出判断；空间阻断是指让被试观看视频或者图片，这些刺激中的关键部分或者动作信息被阻断，让被试对未呈现内容做出判断。时间和空间阻断范式已经广泛应用在网球、羽毛球、棒球、排球以及篮球等多种运动项目的研究之中。这些研究表明，运动员相对于新手具有更好的预判能力，他们能更加准确地进行预判。当前，运动员有更好的预判能力已经得到了各类运动项目相关研究的支持，并且与非运动员相比，运动员在低信息量条件下具有更高预判准确性，在同等信息量条件下具有更快更准的预判能力。由此，研究人员推测，运动员对于关键信息的捕获，较非运动员更加精准和快速。综上，本课题拟采用专家—新手范式和视觉阻断方式，开展篮球运动员预判的综合研究。

二、预判的研究手段

上述研究大多以行为指标（主要以准确率和反应时为主）作为研究分析的因变量，近年来随着实验条件和实验技术的发展，事件相关电位（Event-related potential，ERP）等技术也被逐步推广使用，从而为阐释预判的神经机制提供可能。事件相关电位技术具有极高的时间分辨率，可以帮助研究人员了解运动员在知觉预判过程中的信息加工特点，并体现在不同脑电成分所诱发的峰值（对信息加工的认知资源多少）和潜伏期（对信息加工的速度快慢）中。对于运动员预判能力的ERP研究主要集中在对P2、N2和P3等成分。N2与P3都是ERP的“内源性成分”，不受物理刺激的特性影响，能够反映个体的认知过程。有研究提出，额区N2在认知控制中有着重要意义。作为ERP研究中的重要成分，P3是峰潜伏期在300 ms左右的ERP晚期正向波，它反映了被试对刺激的接受、处理、反应等认知过程，并可以结合其他成分来评价感知觉、注意、记忆、理解、判断和推理等综合认知过程。研究者记录了羽毛球运动员在判断发球落点时的脑电情况，发现高水平运动员在P2成分（200～300ms）上诱发了更大波幅和更长的潜伏期，在P3成分（300～500ms）上则波幅更大，潜伏期更短（Jin，2011）。徐璐等人在被试观看完整的乒乓球发球视频后，要求其判断落点，并记录其脑电情况，发现相比非运动员，运动员的N2峰潜伏期更短、波幅更小，P3成分波幅更大。据此，研究者提出运动员对信息加工的速度更快、效率更高（徐璐，2010）。然而，梳理研究发现，当前国内外关注同场竞技性项目（如篮球、足球）运动员的预判能力的ERP研究相对较少，其原因可能在于这些项目竞赛环境多变、攻防转换快速、比赛节奏不固定等特点，影响了预判实验的设计和实施。

第三节　篮球运动中预判的发展

篮球运动的技战术随着篮球运动的发展不断地完善，国内大量学者对其进行了较广泛的研究。这些研究主要集中在训练学分析、生理学分析、心理学分析、生物力学分析等方面。在训练学领域，学者们较多地关注通过训练影响投篮的命中率。耿建华（2014）认为，篮球运动员必须加强核心体能训练，加强核心区的稳定力量，提高在起跳后的重心控制能力，以及关节周围各肌群的协调配合能力，才能更加有效地发挥自己的竞技水平，提高投篮命中率。篮球运动员的核心体能训练必须以身体核心部分肌肉力量练习为主要的练习手段，同时要注意的是身体素质的均衡发展等。在生物力学方面，单勃（2017）认为，在投篮过程中，与其他所测关节相比，肘关节平均角速度最大，关节角度伸展幅度最大。在原地单手肩上投篮过程中，髋关节角速度和关节变化幅度都是最小的，它是连接人体上下肢各个关节的中心功能区，在投篮过程中保持髋关节相对稳定，有利于动作的稳定性和动作过程的前后衔接。

提高篮球投篮命中率始终是运动心理学相关研究的热点。对于水平较高的篮球运动员来说，技术已经达到自动化的程度，并且形成了较为稳定的技术风格，而比赛中心理上的干扰容易导致运动员技术失衡。因此，大量的学者关注于心理因素对投篮的影响，但就研究的结果看，多数论文都是以定性或理论分析，缺少实证研究，因此质量并不高。

在篮球项目的研究方面，张运亮、阎国利等人利用眼动仪对后卫位置上的专家组和新手组在注视篮球比赛实景图片时的预判特征进行研究。该研究的被试人员是以该地区青年队的球员为主，其研究结果主要证明了新手篮球后卫与专家型篮球后卫两者之间处理信息的效率存在的差异，专家组运动员与新手运动员相比反应时较小，对于材料信息的读取和处理方面相比较，随难度的增加效率逐渐降低，然而专家型篮球后卫在处理和加工信息时所出现的预判效果更趋向于竞技比赛场景。在注视篮球比赛实景图片时，两组不同的篮球后卫运动员具有不同的注视分配和视觉搜索模式。在注视篮球比赛实景图片时，新手组的注视点和注视次数较多，注视轨迹比较复杂且分散，而专家组的注视点和注视次数较少，注视轨迹比较简单，且集中在注视篮球比赛实景图片时，新手组将注视主要分配在防守队员上，而专家组将注视主要分配在同伴队员和对方的防守空当上，新手组注视简单篮球比赛实景图片时，眼跳距离较大，而专家组注视简单篮球比赛实景图片时，眼跳距离较小。王明辉等人利用眼动仪对篮球运动员运动时的预判准确性和反应时的差异性进行了研究。研究结果发现，不同技能水平的篮球运动员在注视不同难度的场景图片时，眼动指标、预判反应时和准确性都存在显著性差异，不同技能水平的篮球运动员对信息的获得方式、信息加工速度和信息加工效率方面都存在显著性差异。

国内外专家围绕预判等问题也开展了一定的研究，并形成了一些理论。如专业运动员具有丰富的程序性运动知识和陈述性知识，具备更有效的注意分配和线索利用能力，从而能够使他们从环境中检索重要的信息以确保能够预判将要发生的事件（Gorman，Abernethy，Farrow，2012）。在体育运动中，运动预判是以运动反应的速度和准确性来表示的，运动反应准确的前提是预判能力的水平，为此，有人提出运动预判的过程是在正确感知当前信息的前提下，将信息存入短时记忆中，然后与存储在长时记忆中的知识经验进行比较，并根据比较结果做出行为的选择（Mann等，2010）。运动预判是运动认知领域中的一个重要课题，目前的研究集中在运动情境中专家—新手对将要发生的事情的判断上存在的差异，如预判篮球项目中对手突破上篮线路、羽毛球项目中对手发球的方向和速度等（程勇民，2009）。综上所述，该领域的研究成果主要以图片和视频作为实验刺激材料，运用空间阻断技术或时间阻断技术等手段进行研究，部分学者以行为指标（主要以准确率和反应时为主）作为研究分析的因变量，部分研究者也逐渐将生理指标如肌电、脑电等指标加入该领域的研究中，但此类研究离运动情景的本身联系较远。因此，对于运动领域中的预判研究应与运动场景本身相关，重点在于考察运动员是如何在不断变化的运动情境中对感知觉信息进行提取、判断、分析，并做出准确、快速的动作反应。

第四节　篮球运动员预判特征的实证研究

在体育运动中，对于动作结果的预判直接影响运动决策。相关研究证实，专业运动员能够比新手更早、更快和更准确地判断方向或落点，并且这种预判优势早在发球动作伊始就已存在。然而，这一研究结论不可避免地受到专项动作性质和预判任务类型的限制。当前预判研究包含了方向预判和命中预判两种类型，前者是指乒乓球、网球发球落点或足球射门等方向的判断，后者是指篮球投篮等是否命中的判断。首先，两种预判任务可能反映了不同的心理过程，进而导致身体动作差异。通常在方向预判任务中，发球者在动作开始前就已做出“要朝向某一具体方向”的决定（一种对已知结果的预判），而对于命中预判任务中的球员，在最后一秒前都无法完全确定自己能否得分（一种对未知结果的预判）。其次，预判结果的意义在两种预判任务中具有明显差异。例如，落点判断任务通常要求被试进行“左或右”判断，这种预判的两种结果之间只有方向差异。然而，在命中预判任务中，被试思考的是“命中与否”的问题。以篮球投篮预判为例，当球在空中向篮筐弧线飞行时，运动员判断此球为命中、弹出球筐，还是完全没有碰到篮筐，其下一步动作可能完全不同（比如冲抢篮板球或是返回防守）。

当前运动领域对于命中预判的专家优势研究较为有限。一些研究发现，专业篮球运动员与比赛观察者和非运动员相比，能够更早更准确地预测罚篮结果（Aglioti等，2008；Wu等，2013）。然而，最近的一项研究指出专家优势表现与投篮结果有关（Maglott等，2019）。与非运动员相比，专业运动员对自己命中的投篮进行判断时的准确率更高，但对于未中投篮的准确率更低。因此本研究以篮球运动员的投篮的片段为研究材料，从篮球运动员投篮预判这一主线出发，揭示不同运动经验者在不同信息量条件下对他人投篮的预判表现，进而预判结果是否会受到投篮命中本身的影响。

一、研究方法

（一）文献法

通过查阅体育管理学、体育社会学、篮球运动的发展等方面的专著和文献资料，选择与本文相关的材料进行阅读，整理归纳对课题有价值的观点，为本研究提供理论依据。

（二）访谈法

走访河南省体育局、郑州大学体育学院以及河南大学体育学院相关专家和工作人员，了解当前篮球运动员预判特征的基本情况，以及影响篮球运动员投篮预判特征的相关因素。

（三）实验法

1. 实验对象

根据运动经验将被试分为优秀组、中等组和非运动员组。优秀组为30名郑州大学体育学院运动训练专业篮球专项学生，均为国家二级及以上篮球运动员，年龄21.53 ± 0.97岁，训练年限7.07 ± 1.36年，每周训练时间10.61 ± 2.40小时。中等组为28名爱好篮球的非篮球专项学生（专项为田径、拳击、赛艇和柔道），年龄为21.14 ± 0.85岁。非运动员组为30名从未参加过任何专项运动训练的学生，年龄为21.00 ± 1.15岁。优秀组、中等组和非运动员组的年龄不存在显著差异［F（2，83）=2.23，p=0.11，η_p^2 = 0.51］。所有被试均为男性，身体和精神状况良好，无精神性疾病，视力或矫正视力正常，自愿参与实验。

2. 实验材料

实验材料为篮球罚球的连续图片，投篮者为两名男性国家一级运动员，均为右利手，照片拍摄时要求两名运动员各罚篮60次。使用佳能数码照相机EOS 5D Mark Ⅳ拍摄，拍摄位置相距罚球线和篮筐中点约8.00米，镜头高度为1.70米。每次投篮动作从持球准备到球触框（或错过篮筐）约2秒，以6张/秒的速度拍摄12张图片（分辨率1024 × 682，曝光时间1/1250秒）。根据实验的要求邀请篮球专业运动员和教练员按照标准投篮动作选择，并进行编辑以形成正式实验刺激材料，共选择40组罚球图片，命中和未命中各20组。

首先，将每组罚球的12张图片根据时间、结果、球员进行命名。随后，以每张167毫秒（接近拍摄速度）的呈现时间，根据篮球飞行阶段和前人研究结果，进行4个时间信息点的处理，分别是出手阶段、上升阶段、高点阶段和下落阶段。表2-1为每个阶段的具体特征（图片呈现数量、呈现时间、球的位置），图2-1为实验刺激示例。

表2-1　实验刺激图片特征

投篮阶段	图片呈现数量	呈现时间（ms）	球的位置
出手阶段	4	668	球出手后第一张图
上升阶段	6	1002	约在出手点和弧顶中点处
高点阶段	8	1336	约在弧顶处
下落阶段	10	1670	约在弧顶和篮筐中点处

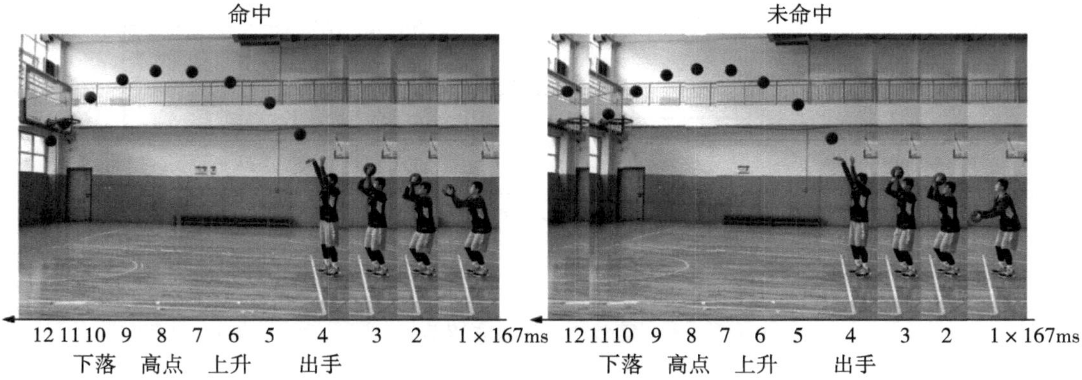

图2-1　实验刺激材料

3. 实验设计及程序

实验包含8个组块，每种时间条件包含2个组块，每个组块含20试次，共160试次。所有组块顺序随机，组块间休息时间30秒。在每个组块前呈现指导语：“下面屏幕会出现若干张投篮的连续动作图片，你需要在看完图片后判断投篮结果（命中或不中），并报告本次判断的确信程度。请在保证准确的前提下快速按键，按‘F’键代表‘命中’，‘J’键代表‘不中’。”反应按键在被试间平衡。在每个试次中，先呈现2000ms注视点，随后播放某一个时间条件的连续图片，每张图呈现167ms，播放完毕后屏幕出现按键提示：“请判断，按F键代表命中，J键代表不中”，被试需在3秒内按键。随后屏幕出现确信程度判断，“请对你刚才投篮判断的自信程度打分，1代表非常不自信，2代表有些不自信，3代表有些自信，4代表非常自信”。正式实验开始前被试进行15个试次练习，正确率超过40%可开始正式实验，未达标则继续练习（优秀组、中等组和非运动员组分别有2名、2名和5名被试进行2次练习后通过，中等组和非运动员组各有1名被试进行3次练习后通过）。实验刺激材料呈现于23.8英寸戴尔笔记本电脑屏幕。所有被试在实验开始前由主试告知实验流程，填写知情同意书和被试基本情况表。（图2-2）

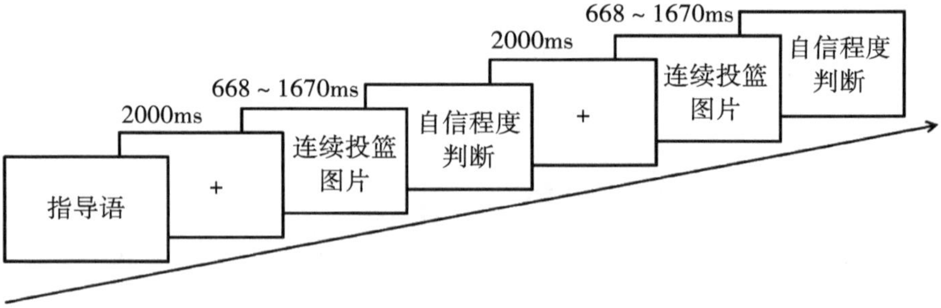

图2-2　实验流程图

4. 数据分析

由于实验设计要求被试在图片消失后判断，难以对反应时进行准确考察，因此仅对正确率进行分析。首先，为比较不同时间条件下各组被试对两种进球结果的差异，对被试正确率进行3（组别：优秀组、中等组、非运动员组）×4（时间条件：出手阶段、上升阶段、高点阶段、下落阶段）×2（投篮结果：命中、未命中）的重复测量方差分析，组间变量为组别，组内变量为投篮结果和时间条件。其次，为考察不同运动经验组能否意识到自己的错误，以确信程度为因变量，进行3（组别：优秀组、中等组、非运动员组）×2（判断结果：正确、错误）的重复测量方差分析，组间变量为组别，组内变量为判断结果。所有数据均采用SPSS 19.0进行分析，用Greenhouse-Geisser法对不满足球形检验的统计量进行自由度与p值矫正，事后检验采用Bonferroni方法。

二、研究结果

本研究对运动员实验数据进行整理和分析，进而从四个角度分析相关的数据：第一，各组别在不同时间条件间的正确率比较；第二，各组别在两种投篮结果间的正确率比较；第三，各组别在两种判断结果间的确信程度比较；第四，各组运动员在两种错误类型中不同时间条件下的错误率。

（一）各组别在不同时间条件间的正确率比较

针对反应时的重复测量方差分析显示，时间条件主效应显著［F（3，

261）=69.58，p<0.001，η_p^2=0.44］和投篮结果主效应显著［F（1，87）=64.81，p<0.001，η_p^2=0.43］，组别主效应不显著［F（2，85）=1.40，p=0.253，η_p^2=0.03］。时间条件和组别交互作用显著［F（6，261）=5.56，p<0.001，η_p^2=0.11］，事后分析表明优秀组（M=0.71，SD=0.11，p<0.001）和中等组（M=0.65，SD=0.11，p=0.096）在下落阶段的正确率都显著高于非运动员组（M=0.59，SD=0.10），但优秀组和中等组在该阶段正确率不存在显著差异（p=0.161），其他阶段组间差异不显著（所有p>0.328），如图2-3所示。

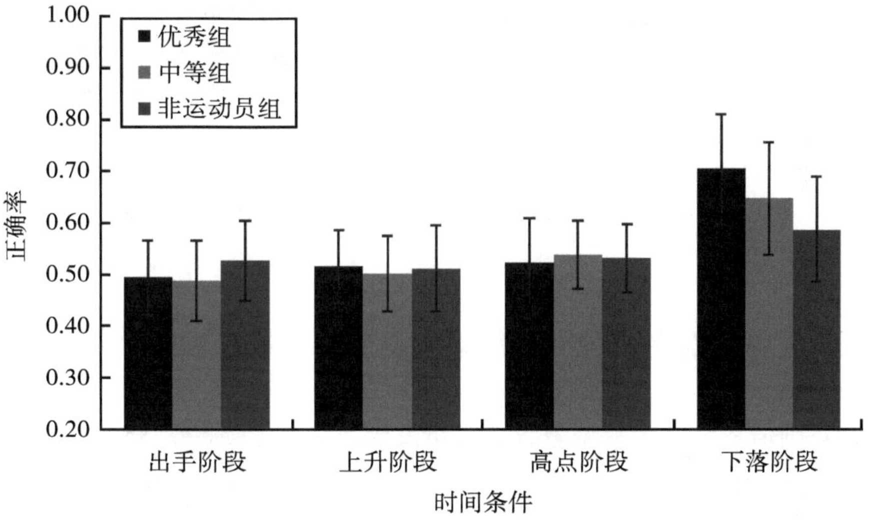

图2-3　各组别在不同时间条件间的正确率比较（$M \pm SD$）

（二）各组别在两种投篮结果间的正确率比较

投篮结果和组别交互作用边缘显著［F（2，87）=3.012，p=0.054，η_p^2 = 0.07］，事后分析发现在进球条件下，优秀组（M=0.69，SD=0.13）的正确率显著高于非运动员组（M=0.60，SD=0.16，p<0.05），中等组（M=0.64，SD=0.11）与其他两组没有差异（所有p>0.525），如图2-4所示。时间条件和投篮结果［F（3，261）= 9.39，p<0.001，η_p^2=0.10］交互作用均显著，组别、时间条件和投篮结果三者的交互作用不显著［F（6，261）=1.12，p=0.350，η_p^2=0.03］。

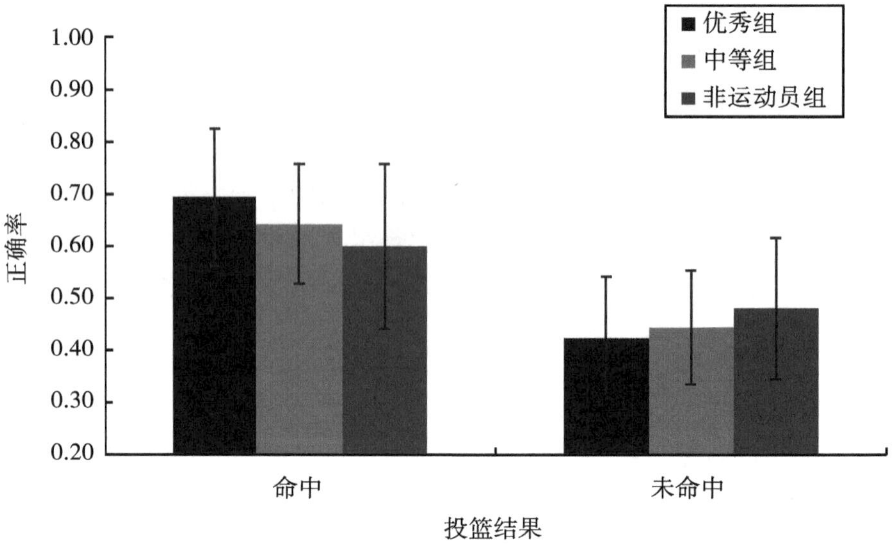

图2–4　各组别在两种投篮结果间的正确率比较（*M*±*SD*）

（三）各组别在两种判断结果间的确信程度比较

针对确信程度的重复测量方差分析发现，组别［F（1，85）= 4.23，$p<0.05$，$\eta_p^2=0.09$］和判断结果［F（1，85）=64.81，$p<0.001$，$\eta_p^2=0.43$］的主效应均显著，且组别和判断结果的交互作用边缘显著［F（6，261）= 5.56，$p<0.001$，$\eta_p^2=0.11$］，事后分析表明优秀组和中等组对于正确判断的确信程度显著高于错误判断（优秀组正确判断：M=3.44，SD=0.09；优秀组错误判断：M=3.33，SD=0.09，$p<0.001$；中等组正确判断：M=3.08，SD=0.09；中等组错误判断：M=2.96，SD=0.10，$p<0.001$），而非运动员组对于两组判断的确信程度没有显著差异（正确判断：M=3.16，SD=0.09；错误判断：M=3.13，SD=0.09，p=0.337）。此外，在两种判断结果下，优秀组的确信程度都显著高于中等组（所有$p<0.05$），与非运动员组没有差异（$p>0.399$），如图2–5所示。

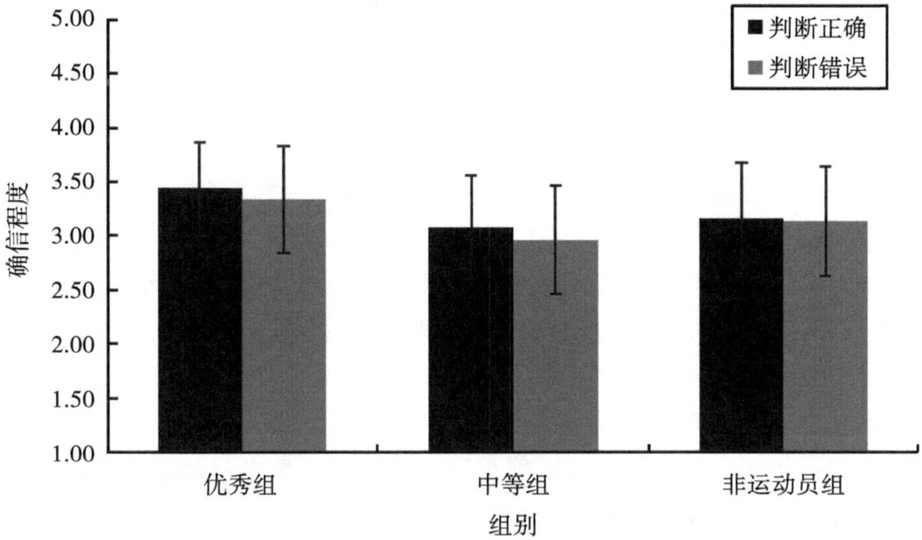

图2-5　各组别在两种判断结果间的确信程度比较（$M \pm SD$）

三、研究结果讨论

在动作预判研究之中，对运动经验和预判信息量的探讨始终是热点。来自方向预判任务的研究表明，只有专家运动员能够根据早期阶段检索到的有效信息进行预测（陆颖之，2017），并且在动作起始早期就准确地预测出发球的方向（Jackson，Mogan，2007）。陆颖之研究发现，在观察仅有身体线索的发球视频时，高经验组对发球落点的预期正确率高于无经验组和中经验组；当观察视频延长至出现早期飞行线索时，高经验组与中经验组对发球落点的预期不存在显著差异，但同时显著优于无经验组（陆颖之，2017）。然而，本研究通过比较篮球运动员、爱好者和非运动员在罚篮动作开始后第668毫秒至1670毫秒不同时间信息量条件下的正确率，发现与非运动员组相比，在篮球下落条件时优秀组正确率更高，且中等组也出现优势的趋势。结果表明尽管拥有多年运动经验，运动员依然需要足够多的信息（比如从球出手直到开始下落）才能够完成更加准确的判断。这一结果与前人研究存在矛盾。如前言所述，对于落点或方向进行预判接近于一种“已知结果”的任务，在这种任务中，发动者在动作开始前已确定将要击球的方向。这种已知性使他们在动作执行时携带了某种专家运动员能够辨认的方向性信息，从而在动作早期就能够进行准确判断。反观命中判断任务，几乎没有篮球运动员在投篮前会进行“投不进”的暗示，而投篮更像是“期待成果但结果未知”的任务，因而命中与否的结果难以在投篮者动作发动时体现差异，从而丧失早期线索。

此外，针对命中预判任务（以篮球罚篮为例）的研究发现，当观察早期和中期［429～858毫秒（吴殷，2013）和426～852毫秒（Aglioti等，2008）］投篮动作时，运动员相对于新手表现出较高的准确率。有研究者要求被试观察3张、6张和9张投篮图片进行预判，结果显示当观察前3张或前6张图片时，运动员相对于新手表现出较高的回答率和准确率；而当观察前9张图片时，两组的回答率和准确率都没有出现显著差别（Aglioti等，2008）。上述结果仍然与当前研究结果相悖。这种不一致可能由预判任务的设置差异导致。当前研究要求被试进行命中或未命中的判断，与实际运动情景一致，因而被试获取到的有效信息越少，其正确率应越接近50%。而在吴殷和阿利奥蒂（Aglioti）等的研究中允许被试做出不确定的选择，这种设置在运动员和非运动员之间可能导致了不同的选择策略，即在球出手后就消失和在高点处消失时，非运动员更倾向于选择不确定，而运动员倾向于做出命中与否的判断，导致了早期和中期阶段组间差异的出现。此外，在阿利奥蒂等研究中1207毫秒（接近当前研究的高点阶段）时非运动员正确率在80%（Aglioti等，2008），本研究中运动员和非运动员分别只有52%和53%，可能由于被试选取的要求不同，出现了研究结果的差异。

除了不同时间信息量的组间差异，针对时间条件、投篮结果和组别分析还发现，篮球运动经验选择性地影响个体对不同投篮结果的预判行为，具体表现为优秀组对于进球的预判准确率显著高于非运动员组。研究结果提示，运动经验的积累似乎使个体出现了对进球的期待偏差。相似地，马格洛特（Maglott）等比较了大学篮球运动员和业余运动员对自己投球的预判，发现前者对于自己命中球的判断更准确（Maglott等，2019）。布兰（Cañal-Bruland）等人关注了不同运动经验者对自己和他人投篮的预判，发现专家运动员比新手更善于判断自己命中的球，对于自己未命中的或他人的投篮却没有显示出优势（Cañal-Bruland等，2015）。这一结果与当前研究不完全一致。该实验要求被试亲自投篮，并在球出手后遮挡其视线令其做出判断，因而被试作为投球者能够获取来自本体感觉的信息。虽然本研究要求被试对他人投篮进行判断，但仍然发现了优秀组在进球结果下的专家优势，因而可能证实专家运动员能够将他人投篮的视觉信息与自身命中投篮的本体感觉等运动经验进行匹配，从而获得优势。

更有趣的是，研究结果提示随着运动经验的提升，个体对未进球的判断准确率出现逐渐下降的趋势。马格洛特等发现大学篮球运动员与业余运动员相比，对自己未命中球的预测更差（Maglott等，2019），本研究由于增加了非运动员组，将这种专家进行未命中球的预判“劣势”描绘得更加具体。当前研究发现优秀组和中等组运动员对未命中球判断的正确率低于非运动员（优秀组：M=0.42，SD=0.12；中等组：M=0.44，SD=0.11；非运动员：M=0.48，SD=0.14）。此外，使用内田等（Uchida等，2014）的计算方式比较了各组正确率与随机概率（50%）之间的差异，发现优秀组和中等组对于未命中球的判断正确率低于随机概率（优秀组：t=−3.54，p<0.01；中等组：t=−2.69，p<0.05）。有研究发现，与新手运动员相比，熟练的运动员表现出对认知或视觉输入的依赖性较低（Müller，Abernethy，2006），甚至有时优秀运动员的潜意识（例如对进球的主观期待）能抑制客观的视觉信息（Vickers，1996）。因此，这种结果说明，具有中等或以上的运动经验的个体在进行命中预判任务中，可能会由于过分期待命中结果，从而出现对未命中球的加工偏差。

最后，对于不同经验个体能否觉察到自己在命中预判任务中犯错，也是当前研究关注的问题。尽管先前研究已经发现运动员在不同投篮结果下的判断存在优势差异，但未能细致考察随着运动经验的积累，运动员能否觉察到自己在一次判断中可能出现失误。通过比较优秀组、中等组和非运动员组在每次预判后的确信程度，研究得到两个结果。第一，优秀组和中等组对于正确判断的确信程度显著高于错误判断，说明运动经验的积累能够提升个体对于预判错误的觉察能力。阿利奥蒂等发现，只有专家具有区分错误和正确的表现的能力（Aglioti等，2008），本研究显示，这种能力在篮球爱好者中就已展现。研究表明，在运动过程中，大脑将实际的本体感受反馈与预期反馈进行对比，并将差异确定为潜在错误（Rieser等，2014）。这种意识当一个动作发生错误时，不同的脑区就会被激活。篮球运动员在观察错误动作时，运动代表区域的兴奋性明显增加，而专业观察者或者非运动员则未出现这种情况（Aglioti等，2008）。第二，在两种判断结果下，优秀组的确信程度都显著高于中等组，却与非运动员组没有差异。这一结果非常有趣，似乎说明丰富经验者和全无经验者都自信于自己的判断，但具有一定经验的练习者却在预判时更加犹豫。这种结果或许是因为他们的运动经验既不足以协助其提高判断把握，也无法令其再像无经验者一样简单思考。

四、结论与不足之处

（一）结论

本研究通过专家—新手范式对运动员和新手组的投篮预判行为特征进行深入分析，得出以下结论：①优秀组在下落阶段的正确率显著高于非运动员组，但与中等组没有显著差异；②在进球条件下，优秀组的正确率显著高于非运动员组；③优秀组和中等组对于自己正确判断的确信程度显著高于错误判断；在两种判断结果下，优秀组的确信程度都显著高于中等组，但与非运动员组没有差异。

（二）不足之处

在本研究的研究过程中，由于相关的环境和能力的限制，研究的结论还需要更多的实验进行验证，研究中的被试运动员虽然运动等级都是二级运动员，但是实际的运动水平差异较明显，部分实际获得的数据也有较明显的差异；另外，被试的国家二级运动员的运动级别不足以代表全部的高水平篮球运动员，在接下来的研究中增加更高水平的运动员被试，扩大被试的样本量，从而使本实验更具说服力和效度。

第五节　篮球运动员预判错误特征的实证研究

预判错误是指运动员错误地预测了未来事件。比如，篮球比赛中球员将不能命中的投篮错认为命中，从而错失最佳二次进攻时机。又如，篮球运动员在比赛中将一次命中投篮判断为未命中，从而导致球队战术应用的混乱等。梳理文献发现，以往研究在其结果中大多只比较了预判正确率的组间差异，少有研究对预判错误的原因进行深究。我们已知，在篮球投篮的预判中包括两种错误，即将一次进球判断为未进和将一次未进球判断为进球。据此，前人研究发现，个体对一次进球和一次未进球的识别率存在差异，显示出进行不同投篮结果判断时的认知加工方法可能有所不同，错误动作比正确动作可能需要更多的动作感知和理解。此外，一项功能性核磁共振研究发现，运动员在做出更多的错误判断时脑岛（与高度警觉和情感加工有关的区域）的激活更大，暗示运动员具有当做出错误判断时能够在一定程度上觉察到自己判断错误的能力（吴殷，2013）。我们认为，在运动员的预判能力的研究中，不仅需要关注运动经验对预判能力的影响，即说明"谁的预判能力更优"的问题，还需要解释不同运动水平的个体做出一次错误预判的原因和机制，即"为什么会判断错误"，并进一步揭示他们是否具有感知错误预判并进行自主纠错的能力。因此，聚焦预判错误这一研究主题，不仅能够加深运动员预判研究成果的解释力度，也能够为培养和提高运动员的专项预判能力提供思路。

一、研究方法

根据运动经验将被试分为优秀组、中等组和非运动员组。优秀组为30名郑州大学体育学院运动训练专业篮球专项学生，均为国家二级及以上篮球运动员，年龄21.53 ± 0.97岁，训练年限7.07 ± 1.36年，每周训练时间10.61 ± 2.40小时。中等组为28名爱好篮球的非篮球专项学生（专项为田径、拳击、赛艇和柔道），年龄为21.14 ± 0.85岁，每周打球时间3.20 ± 1.55小时。非运动员组为30名从未参加过任何专项运动训练的学生，年龄为21.00 ± 1.15岁。优秀组、中等组和非运动员组的年龄不存在显著差异［F（2，83）=2.23，p=0.11，η_p^2=0.51］。所有被试均为男性，身体和精神状况良好，无精神性疾病，视力或矫正视力正常，自愿参与实验。

（一）实验材料

实验材料为篮球罚球的连续图片，投篮者为两名男性国家一级运动员，均为右利手，照片拍摄时要求两名运动员各罚篮60次。使用佳能数码照相机EOS 5D Mark IV拍摄，拍摄位置相距罚球线和篮筐中点约8.00米，镜头高度为1.70米。每次投篮动作从持球准备到球触篮筐（或错过篮筐）约2秒，以6张/秒的速度拍摄12张图片（分辨率1024×682，曝光时间1/1250秒）。根据实验的要求邀请篮球专业运动员和教练员按照标准投篮动作选择，并进行编辑以形成正式实验刺激材料，共选择40组罚球图片，命中和未命中各20组。

首先，将每组罚球的12张图片根据时间、结果、球员进行命名。随后，以每张167ms（接近拍摄速度）的呈现时间，根据篮球飞行阶段和前人研究结果，进行4个时间信息点的处理，分别是出手阶段、上升阶段、高点阶段和下落阶段。表2-2为每个阶段的具体特征（图片呈现数量、呈现时间、球的位置），图2-6为实验刺激示例。

表2-2　实验刺激图片特征

投篮阶段	图片呈现数量	呈现时间（ms）	球的位置
出手阶段	4	668	球出手后第一张图
上升阶段	6	1002	约在出手点和弧顶中点处
高点阶段	8	1336	约在弧顶处
下落阶段	10	1670	约在弧顶和篮筐中点处

图2-6　实验刺激材料

（二）实验设计及程序

实验包含8个组块，每种时间条件包含2个组块，每个组块含20试次，共160试次。所有组块顺序随机，组块间休息时间30秒。在每个组块前呈现指导语：“下面屏幕会出现若干张投篮的连续动作图片，你需要在看完图片后判断投篮结果（命中或不中），并报告本次判断的确信程度。请在保证准确的前提下快速按键，按‘F’键代表‘命中’，‘J’键代表‘不中’。”反应按键在被试间平衡。在每个试次中，先呈现2000毫秒注视点，随后播放某一个时间条件的连续图片，每张图呈现167ms，播放完毕后屏幕出现按键提示：“请判断，按F键代表命中，J键代表不中”，被试需在3秒内按键。为测量被试的“正确感”或“错误感”，完成判断后屏幕出现确信程度判断，“请对你刚才投篮判断的自信程度打分，1代表非常不自信，2代表有些不自信，3代表有些自信，4代表非常自信”。正式实验开始前被试进行15个试次练习，正确率超过40%可开始正式实验，未达标则继续练习（优秀组、中等组和非运动员组分别有2名、2名和5名被试进行2次练习后通过，中等组和非运动员组各有1名被试进行3次练习后通过）。实验刺激材料呈现于23.8英寸戴尔笔记本电脑屏幕。所有被试在实验开始前由主试告知实验流程，填写知情同意书和被试基本情况表。（图2–7）

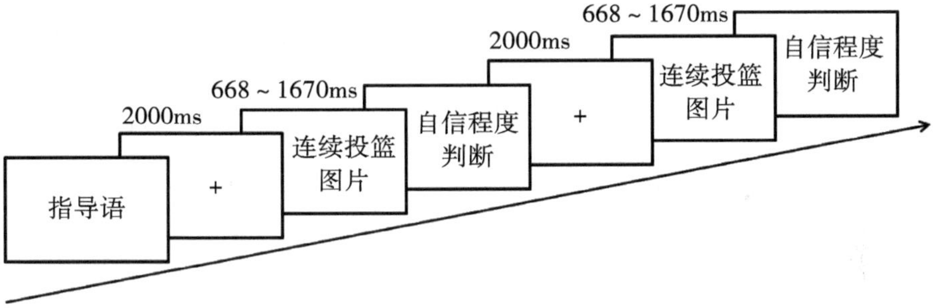

图2–7　实验流程图

（三）数据分析

由于实验设计要求被试在图片消失后判断，难以对反应时进行准确考察，因此仅对正确率进行分析。首先，为比较不同时间条件下各组被试对两种进球结果的差异，对被试正确率进行3（组别：优秀组、中等组、非运动员组）×4（时间条件：出手阶段、上升阶段、高点阶段、下落阶段）×2（错误类型：命中错误、未命中错误）的重复测量方差分析，组间变量为组别，组内变量为投篮结果和时间条件。其次，为考察确信程度是否在不同运动经验及错误类型间发生变化，以确信程度为因变量，进行3（组别：优秀组、中等组、非运动员组）×2（投篮结果：命中、未中）×2（判断结果：正确、错误）的重复测量方差分析，组间变量为组别，组内变量为判断结果。所有数据均采用SPSS 19.0进行分析，用Greenhouse-Geisser法对不满足球形检验的统计量进行自由度与p值矫正，事后检验采用Bonferroni方法。最后，为进一步考察错误觉察，采用Pearson方法分析探索各组运动员在命中和未中条件下反应错误率和确信程度的关系。

二、研究结果

针对错误率的重复测量方差分析显示，时间条件主效应显著［$F(3, 255)=65.20$，$p<0.001$，$\eta_p^2=0.43$］和错误类型主效应显著［$F(1, 85)=59.15$，$p<0.001$，$\eta_p^2=0.41$］，组别主效应不显著［$F(2, 85)=1.40$，$p=0.253$，$\eta_p^2=0.03$］。时间条件和组别交互作用显著［$F(6, 255)=5.69$，$p<0.001$，$\eta_p^2=0.12$］，事后分析表明非运动员组（$M=0.40$，$SD=0.18$）在下落阶段的错误率显著高于优秀组（$M=0.23$，$SD=0.15$，$p<0.001$），中等组该阶段错误率与其他两组不存在显著差异（所有$p>0.112$），其他阶段组间差异不显著（所有$p>0.173$）。错误类型和组别交互作用边缘显著［$F(2, 85)=3.02$，$p=0.054$，$\eta_p^2=0.07$］，事后分析发现在命中错误条件下，非运动员组（$M=0.40$，$SD=0.16$）的错误率显著高于优秀组（$M=0.31$，$SD=0.13$，$p<0.05$），中等组（$M=0.31$，$SD=0.13$）与其他两组没有差异（所有$p>0.440$），如表2-3所示。时间条件和错误类型［$F(3, 255)=9.54$，$p<0.001$，$\eta_p^2=0.10$］交互作用显著，组别、时间条件和投篮结果三者的交互作用不显著［$F(6, 255)=0.94$，$p=0.455$，$\eta_p^2=0.02$］。

表2-3　各组运动员在两种错误类型中不同时间条件下的错误率（$M \pm SD$）（$N=88$）

错误类型	组别	出手阶段	上升阶段	高点阶段	下落阶段	总错误率
命中错误	优秀组	0.38 ± 0.20	0.31 ± 0.14	0.30 ± 0.15	0.23 ± 0.15	0.31 ± 0.13
	中等组	0.42 ± 0.16	0.39 ± 0.18	0.34 ± 0.18	0.28 ± 0.14	0.36 ± 0.11
	非运动员组	0.40 ± 0.19	0.40 ± 0.20	0.40 ± 0.19	0.40 ± 0.18	0.40 ± 0.16
未中错误	优秀组	0.63 ± 0.19	0.66 ± 0.16	0.65 ± 0.16	0.36 ± 0.14	0.58 ± 0.12
	中等组	0.60 ± 0.11	0.61 ± 0.15	0.59 ± 0.20	0.43 ± 0.17	0.56 ± 0.11
	非运动员组	0.54 ± 0.22	0.57 ± 0.19	0.54 ± 0.18	0.43 ± 0.14	0.52 ± 0.14

针对确信程度的重复测量方差分析发现，组别［F（1，85）=4.13，p<0.05，η_p^2=0.09］和判断结果［F（1，85）=33.19，p<0.001，η_p^2=0.28］的主效应均显著，投篮结果的主效应不显著［F（1，85）=0.69，p=0.503，η_p^2=0.02］。组别和判断结果的交互作用显著［F（6，261）= 3.10，p<0.05，η_p^2=0.07］，事后分析表明不论进球与否，优秀组和中等组对于正确判断的确信程度显著高于错误判断（优秀组正确判断：M=3.43，SD=0.09；优秀组错误判断：M=3.30，SD=0.09，p<0.001；中等组正确判断：M=3.07，SD=0.09；中等组错误判断：M=2.93，SD=0.10，p<0.001），而非运动员组对于两种判断的确信程度没有显著差异（判断正确：M=3.17，SD=0.09；判断错误：M=3.13，SD=0.09，p=0.188）。在两种判断结果下，优秀组的确信程度都显著高于中等组（所有p<0.05），与非运动员组没有差异（p>0.113）。此外，针对投篮结果和判断结果的显著交互作用［F（6，261）=7.17，p<0.01，η_p^2=0.08］进行事后分析发现，进球条件下各组对于正确判断的确信程度高于错误判断（p<0.001），如图2-8所示。

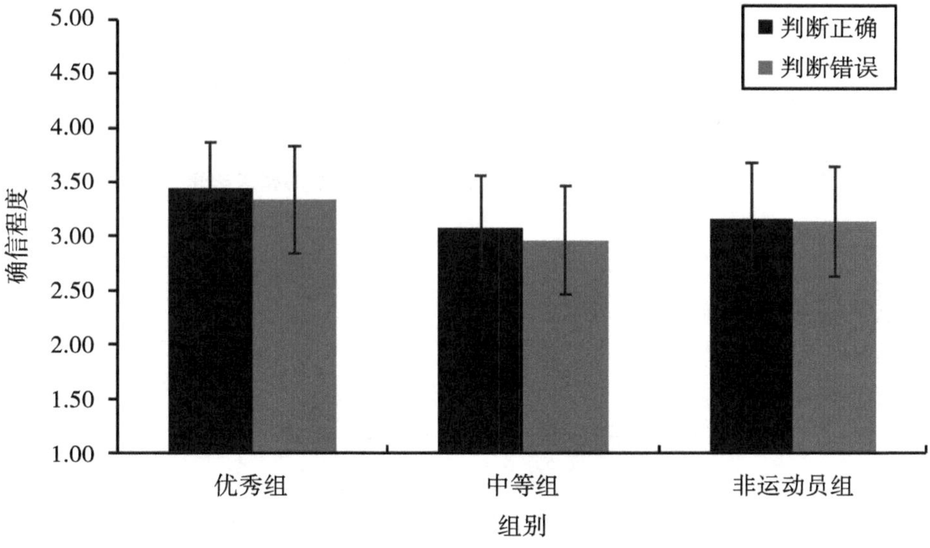

图2-8　各组别在两种判断结果间的确信程度比较（$M \pm SD$）

为探索不同运动经验者的反应错误率和确信程度的相关关系，分别将三组被试在命中和未中条件下的错误率与确信程度得分进行Pearson相关分析。

结果发现当球命中时优秀组的判断确信程度与错误率边缘负相关（R^2=0.13，p=0.056），说明优秀运动员能够捕捉一次命中进球的相关线索并觉察自己的正确判断。相反地，在未中条件下，结果显示中等组（R^2=0.19，p<0.05）和非运动员组（R^2=0.13，p=0.054）的判断确信程度与错误率却显示正相关，提示可能经验较少的练习者倾向于将一次未进的罚篮判断为命中并确信自己是对的（图2-9）。

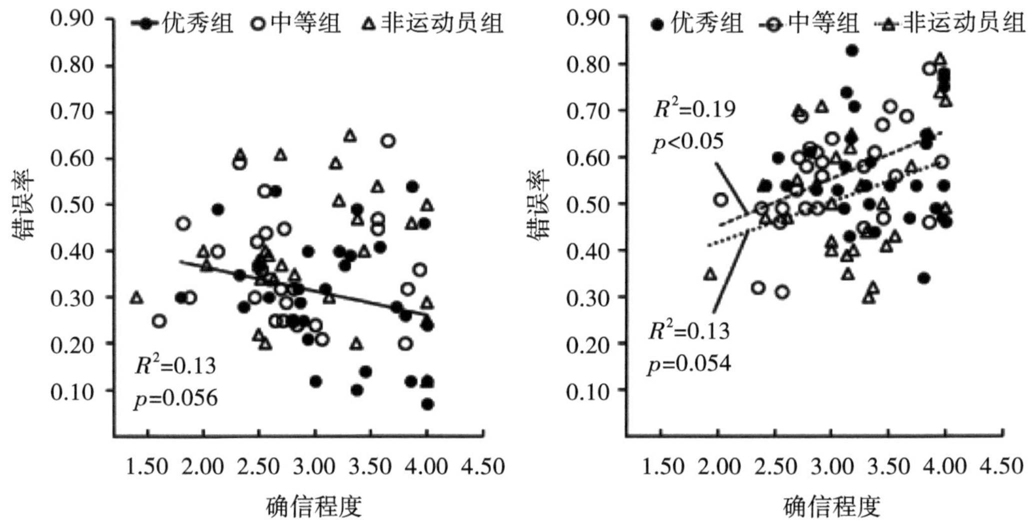

图2-9　各组被试的确信程度和正确率的相关关系

三、讨论

（一）篮球运动员预判错误的调节匹配效应

调节匹配理论指出，促进定向的个体更偏好于使用热切趋近策略（Higgins等，2003）。从篮球运动出发，高水平篮球运动员相较于中等水平运动员和非运动员具有更高的成就动机，即必须通过全力得分去赢得胜利（郑磊，李东明，2011）。这种积极的思维和心态使其具备促进定向的特征，并善于使用热切趋近策略（如在比赛中主动拼抢、积极投篮等）。以信号检测论而言，促进定向个体的目标为确保击中和防止漏报（刘茜，2014）。与此一致，本研究通过对比不同组别篮球运动员对于投篮预判的错误率发现，命中结果下优秀运动员出现调节匹配效应，其判断错误率显著低于非运动员（即更多的击中和更少的漏报），中间组错误率处于两者之间。这一结果与前人的研究相一致。首先，研究者比较了大学篮球运动员和业余运动员对自己投球的预判，发现前者对于自己命中球的判断更准确（Maglott等，2019）。研究者关注了不同运动经验者对自己和他人投篮的预判，发现专家运动员比新手更善于判断自己命中的球，对于自己未命中的或他人的投篮却没有显示出优势（Cañal-Bruland等，2015）。其次，有研究发现篮球中的三分投篮任务更倾向于促进定向，当与行动策略匹配时运动员的调节匹配效应更强，行为表现更好（Memmert等，2010）。究其原因，经过多年训练和比赛经验的积累，专家运动员对运动技能认知的水平逐渐得到提高，在面对不同运动技能做出归类和评判时更加适应，并表现出快速、准确的反应（张铁民，2016）。相反地，非运动员更多地把命中的球判断为未命中。假设经验不足者为预防定向（即害怕对手得分或失去分数），理论指出这类被试需要预期或体验消极结果是否存在，才能实现调节匹配。因此，本实验需要被试判断命中这一积极结果是否出现，使得非运动员出现调节不匹配进而导致较高的错误率。

此外，针对未命中的判断结果体现了一种趋势，即非运动员组的错误率最低，中等组次之，而优秀组的错误率最高。究其原因，优秀组在判断中更期待和关注进球结果，这种期望使其促进定向与未进球结果出现调节不匹配效应，进而影响了在未中条件下的绩效，表现出将未中的球判断为命中的错误特征。优秀组更高的错误率可能也与直觉判断有关，研究发现当人们运用直觉方式来进行判断时，虽然能够很快地做出判断，但却容易忽视其他一些重要的信息，导致判断存在一定的偏向或存在误差（张博，2010）。相反，调节匹配理论指出预防定向的个体更倾向于使用信号检测论中的确保正确拒绝与防止虚报策略（刘茜，2014），当其以回避失败的警觉方式达成目标时，会形成预防匹配，他们将行为结果得失看作“消极结果的出现和缺失”（即本研究中未进球情况是否出现）。研究发现非运动员组在未中条件情境与其预防定向相匹配，使其保持了较低的错误率。此外，分析命中与未中这两种投篮结果，发现三个组在球未中时的错误率均高于球命中的错误率，说明不论运动经验的多少，未中的投篮都比命中投篮更难以判断。

（二）错误察觉能力

调节匹配具有动机力量，当个体的调节定向与行为方式不匹配时会出现“错误感”，人们能够通过感知错误而出现纠正行为（Schwarz，Clore，1996；林晖芸，汪玲，2007）。研究结果显示，优秀组在未中条件下的调节不匹配现象使其出现了更高的错误率。由此出发，对于错误觉察的测量可以揭示丰富经验者能够感知到自己在判断中出现了错误，即体会“错误感”。通过比较优秀组、中等组和非运动员组在每次预判后的确信程度，研究得到两个结果。第一，优秀组和中等组对于正确判断的确信程度显著高于错误判断的确信程度，说明运动经验的积累能够提升个体对于预判错误的觉察能力。阿利奥蒂等发现，只有专家具有区分错误和正确的表现的能力（Aglioti等，2008），本研究显示，这种能力在篮球爱好者中就已展现。研究表明，在运动过程中，大脑将实际的本体感受反馈与预期反馈进行对比，并将差异确定为潜在错误（Rieser等，2014）。这种意识当一个动作发生错误时，不同的脑区就会被激活（Yazmir，Reiner，2017）。篮球运动员在观察错误动作时，运动代表区域的兴奋性明显增加，而专业观察者或者非运动员则未出现这种情况（Aglioti等，2008）。第二，研究发现进球条件下优秀组的预判确信程度随着错误率的降低而增加，未进条件下中等组和非运动员组的确信程度随着错误率的提高而升高。此结果说明，优秀组具有精确识别自己判断错误的能力，而中等组虽然积累了一些经验，却无法具体感知预判错误的出现。第三，在两种判断结果下，优秀组的确信程度都显著高于中等组，却与非运动员组没有差异。这一结果非常有趣，似乎说明丰富经验者和全无经验者都自信于自己的判断，但具有一定经验的练习者却在预判时更加犹豫。这种结果或许是因为他们的运动经验既不足以协助其提高判断把握，也无法令其再像无经验者一样简单思考。

四、结论

①投篮命中结果下优秀运动员出现调节匹配效应，其预判错误率显著低于非运动员，中等组错误率处于两者之间；②优秀组和中等组对于正确判断的确信程度显著高于错误判断的确信程度，说明运动经验的积累能够提升个体对于预判错误的觉察能力。

第二章 运动员认知能力

第一节 心理旋转的空间具身效应

旋转是体育运动中常见的技术动作，体操、跳水项目中的翻腾、转体，篮球、足球运动员的转身，都是运动员身体通过围绕某一轴进行旋转而实现的。在运动心理学领域的心理旋转研究中，具身认知是重要的理论基础。理论认为，个体心理旋转能力与活动参与经验相关，为解释运动过程与认知能力之间的复杂练习提供了依据。一方面，包含旋转性空间信息的运动能够提升运动员的心理旋转能力，反过来，良好的心理旋转能力可以帮助运动者在竞赛中预知自身或对方的运动轨迹和空间方位，从而做出快速准确的判断。

从具身认知的观点出发，个体运动水平越高、经验越丰富，心理旋转能力应当越强。集中在体操、足球、排球、摔跤、定向运动项目的研究发现，运动员的心理旋转成绩显著高于非运动员（Petra Jansen等，2012；Moreau等，2011；Petra，Jennifer，2013；Schmidt等，2015）。以此为基础，研究者进一步发现，同一项目中专家运动员的心理旋转成绩显著高于新手运动员。此外，不同运动项目的经验对心理旋转能力发展的影响可能存在区别。研究者认为项目空间信息较为复杂的运动项目，参与者的心理旋转能力应当优于项目空间信息简单的参与者。针对部分项目的研究报告了这种差异。研究者将击剑、柔道和摔跤运动员与跑步运动员比较，发现前者心理旋转能力更高，原因是在对抗性项目中运动员需要运用不同策略应对各种复杂的比赛环境（Moreau等，2011）。还有研究发现，体操和定向运动参与者的心理旋转能力优于足球和跑步（Petra，Jennifer，2013；Schmidt等，2015）。

研究者认为，心理旋转的具身效应指的是身体动作经验对个体的心理旋转等空间表征能力的促进作用。在运动领域中，运动员心理旋转的优势被归纳为一种空间具身效应，即心理旋转任务的空间与身体动作经验相匹配时，任务绩效得到促进而表现出专家优势。当前围绕运动员心理旋转的空间具身效应进行的探讨主要通过两条途径展开：①比较不同空间表征方式（即空间参照系）下，运动经验对心理旋转的影响作用。②通过设置与运动相关的心理旋转任务刺激或其他实验控制，考察刺激类型、旋转轴或优势侧/肢等动作加工信息在运动员心理旋转优势中的作用。

第二节　心理旋转的测试工具

在当前研究中，对心理旋转能力的考察包括心理测量的纸笔测试（Paper-and-pencil tests）和电脑计时测试（Chronometric tests）两种方式。在纸笔测试中，被试需要在时限内进行多选形式的判断。以V-K的心理旋转测试为例（Vandenberg，Kuse，1978），研究者向被试呈现24道题，每道题包括一个参考图形和四个备选图形，被试需要从四个备选图形中选出两个与参考图形相同，只是进行了旋转变换的正确图形。每选对一个得1分，共24分，要求6分钟内完成（Peters，2005）。这个测试简便易行，但研究者只能通过测试得分来衡量被试的心理旋转能力（Moreau等，2012）。此外，多数研究使用电脑计时测试，要求被试比较在电脑屏幕中呈现的刺激并进行快而准确的判断，研究者通过记录被试判断的反应时和正确率进行心理旋转能力的考察。

随着心理旋转研究的发展，旋转的测试材料也不断增加。三维方块被更改为二维方块（图2-10B）以观察被试在不同类型任务中的绩效，还有研究者用字母代替二维的图形，研究字母的旋转在语义加工中的作用（图2-10C）。这类以抽象图形或字母为刺激材料的心理旋转任务被称为物体心理旋转任务（Mental object rotation test，MORT）（Jola，Mast，2005）。除了操作对物体的旋转进行测试外，手部单侧判断任务（Hand laterality judgment task）也被作为心理旋转研究的测试任务（图2-10D）。库珀（Cooper）和谢泼德（Shepard）最先使用单幅人手和人脚图作为刺激材料并采用左右判断任务（Cooper，1975）。与物体心理旋转任务不同的是，帕森斯（Parsons）发现个体完成手部心理旋转的时间与其进行实际的手部旋转的时间高度相关，说明在手部旋转的任务中被试的判断是依靠在心中想象自己的手部进行旋转来完成的

（Parsons，1994）。此外，帕森斯将手部图形扩展为人体图形（图2-10E），进行了人体心理旋转任务（Mental body rotation test，MBRT），开始系统地研究个体对沿着不同轴旋转的身体动作的感知能力，研究者发现，空间转换的时间和运动特性会受到表象物体的特性的影响，并据此发现个体具有自我中心参考系的调整能力（Parsons，1987）。

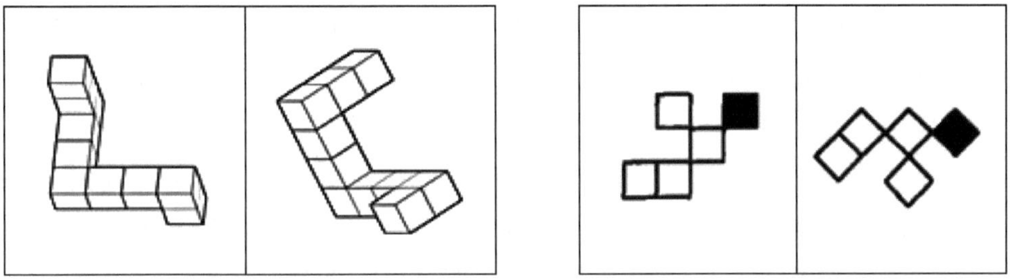

（A）MORT：3-D方块　　（B）MORT：2-D方块

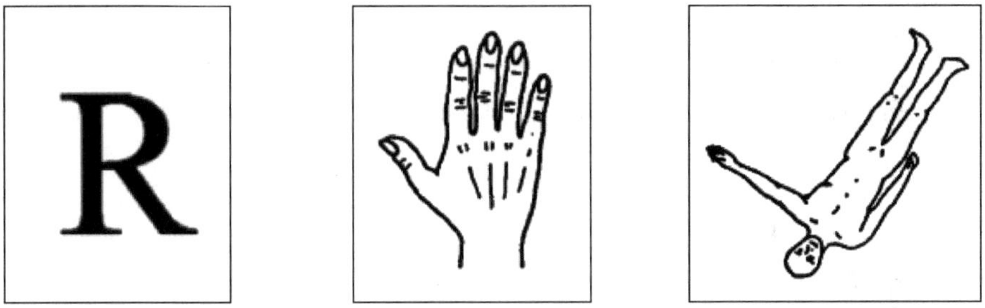

（C）MORT：字母　　（D）MBRT：手部　　（E）MBRT：人体

图2-10　心理旋转任务常用的刺激材料

从上图中我们可以发现，心理旋转测试的刺激除了包括物体、字母和人体的三维和二维刺激，刺激呈现的数量也不相同，有的是两个刺激，有的是单个刺激。这就涉及心理旋转测试中的两个常见的范式——S-D范式（Same-different paradigm）和L-R范式（Left-right paradigm）（Jola，Mast，2005）。前者通常呈现两幅图，内容可能是物体、字母或人体，要求被试进行“相同还是不同”的判断（图2-10A、B）；后者则呈现一幅图，通常是人体或字母，要求被试进行“左侧还是右侧”或“正向还是镜像”的判断（图2-10C～E）。两种测试的范式是由心理旋转的两种表征方式决定的，在随后的内容里会具体地介绍。

第三节 心理旋转的表征方式

心理旋转包括两种不同的表征方式，分别是客体表征（Object-based transformations）和主体表征（Egocentric transformations）（Zacks等，2002），它们广泛地存在于我们的日常生活之中，并受到个体进行操作和变换自身或物体的经验的影响（Steggemann等，2011）。客体表征是被试以第三人称的视角（客观参考系）想象空间中的物体进行操作。例如，在一场篮球比赛中，球员总是需要在比赛间歇聚集在教练身边接受战术指导，那些面向教练站立的球员，只能倒置地阅读教练手中的战术板，这是一种客体表征。在这种表征方式中，观察者将自身位置固定，操作物体进行变换。因此，客体表征的任务刺激通常是成对出现的，任务要求被试进行相同与否的判断。除了成对出现外，范登堡（Vandenberg）和库斯（Kuse）使用S-M方块，开发了四选二的纸笔心理旋转任务（V-K MRT）（Vandenberg，Kuse，1978），任务每次呈现5幅图，包括1幅参考图和4幅备选图，其中有2幅图与参考图相同，需要被试进行四选二的选择（图2-11）。

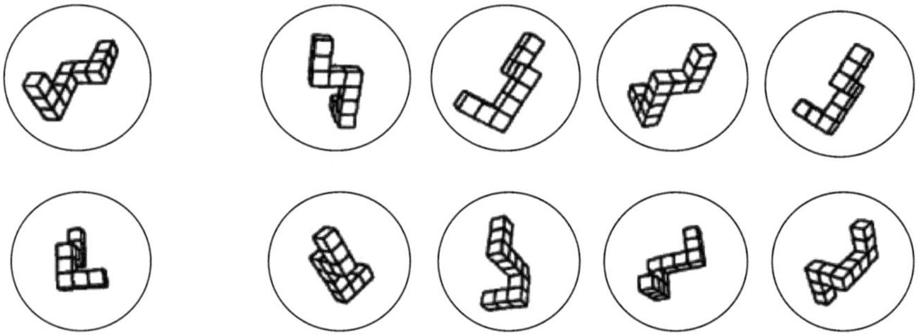

图2-11 V-K MRT

主体表征是被试以第一人称的视角（主观参考系）想象自己在空间中进行转换。举例而言，在倒车入库之前，多数司机已经在头脑里有大致的行驶路线，这样能确保他们不会偏离合适的方向太远，这是一种主体表征。在这种表征方式下，物体保持固定，观察者通过变换自身的角度或方位建立与物体间的关系。在测试任务中，主体表征的任务刺激单个出现，要求被试进行单侧或正镜像判断。以往研究中，主体表征被认为是与身体动作密切相关的心理旋转能力，在第三章运动与心理旋转中将作具体介绍。

两种表征方式的区别除了在于参考系和任务要求外，它们的反应时—角度关系也存在差异。前面提到的谢帕德使用三维方块的客体表征测试发现了反应时与角度之间的线性关系，并据此发现物体的心理旋转是对物体实际旋转的模仿（Cooper，Shepard，1973；Shepard，Metzler，1971）（图2-12①）。但是，在主体表征中，反应时在旋转角度超过60°或90°后才会增加（Keehner等，2006；Michelon，Zacks，2006），角度和反应时的关系表现出“U”形（Kaltner等，2014）（图2-12②）。根据凯斯勒（Kessler）和汤姆森（Thomson）的解释，主体表征中特殊的反应时—角度特征或许是由于策略的不同所致（Kessler，Thomson，2010）。在角度较小的时候类似视觉匹配的过程，而在角度较大时第一人称的主观表征才会启动，使得心理旋转的资源投入更多，因而增加了反应时。

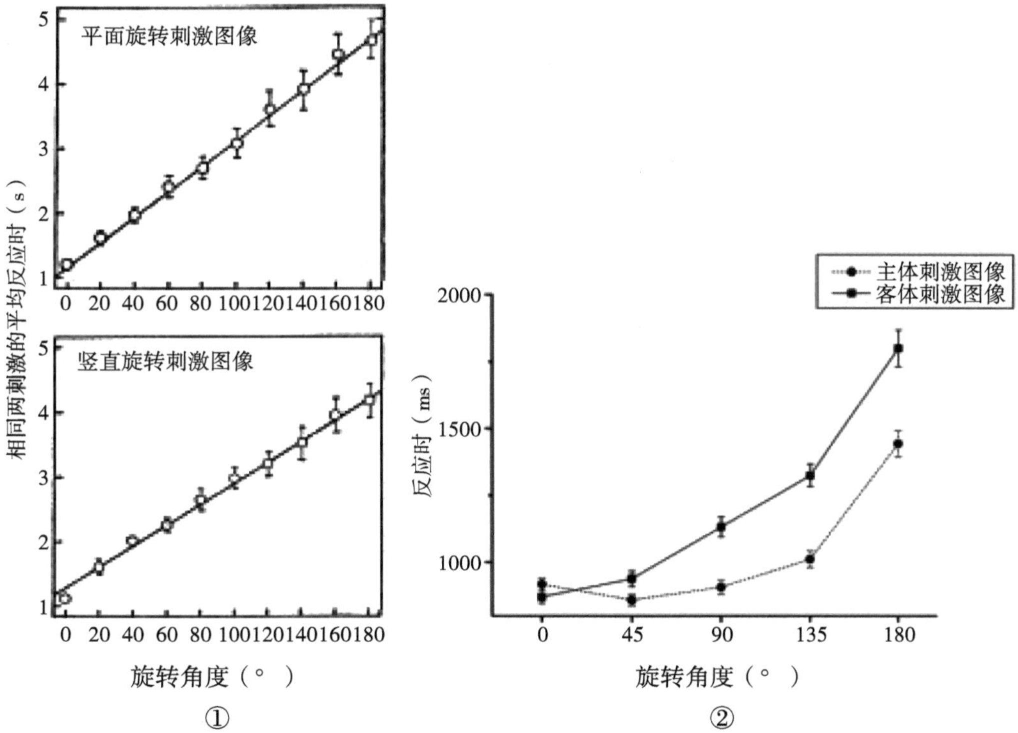

图2-12　心理旋转反应时与刺激选择角度之间的线性关系（①）和“U”形关系（②）

第四节　心理旋转的加工阶段

从心理旋转的加工过程出发，理解其可能包含的不同阶段，对于阐释心理旋转的机制有着重要意义。早在20世纪70年，库珀（Cooper）等就对个体在一个心理旋转试次中的反应时的阶段进行分析，建立了反应时的信息加工模型（Cooper，Shepard，1973），图2-13中黑色方块表示外部控制或记录的事件，而方框表示内部过程，具体内容包括：①空屏出现后，被试调整和适应位置和距离以及注意刺激材料即将出现的屏幕位置，并准备好反应手指（100ms）。②确定选择选项中哪一个进行比较（原任务中有多个选项，100ms）。③确定该选项的方向（100ms）。④在头脑中将该选项旋转至直立方向，当呈现的刺激从直立（向任一方向上倾斜）到旋转60°、120°或180°分别需要100ms、250ms或500ms。⑤将旋转后的图像与长时记忆中的标准图像进行比较。如果匹配，则立即执行之前已准备好的响应，所需的时间共约400ms，外部记录反应时。⑥如果不匹配，被试在反应前须改用另一只手按键。

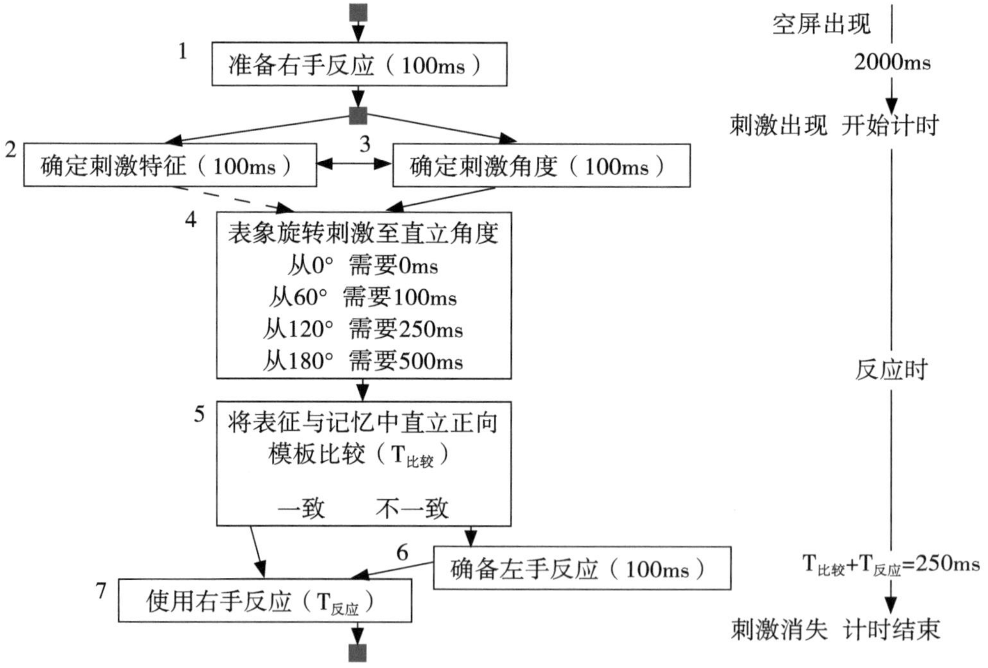

图2-13　心理旋转反应时的信息加工模型图（库珀，1973）

以早期研究者提出的信息加工模型为基础，当前研究发现，心理旋转的认知加工阶段包括3个依次发生的阶段，它们分别是：①感知阶段（Perceptual stage）——感知加工、刺激识别和方向判断；②旋转阶段（Rotation stage）——心理旋转和刺激比较；③决定阶段（Decision stage）——反应选择和执行（Corballis，1988；Heil，Rolke，2002；Shepard，Cooper，1986）。在相关电生理研究中，有研究者将心理旋转的认知阶段与不同的事件相关电位成分的潜伏期联系起来，认为感知阶段对应的是刺激出现后的0～300ms，对应N2这类早期成分，旋转阶段是300～800 ms，而对应P3成分，决定阶段是800ms之后（Yan等，2013）。

还有研究者认为，心理旋转任务具有明确的 6 个信息处理阶段（段娇博，2015），分别是：第一，知觉编码，即将原始刺激或靶刺激在心理表征中进行编码；第二，图形辨别，即判断原始刺激和靶刺激旋转的角度；第三，心理旋转，将原始刺激或靶刺激旋转至该角度；第四，判断相同性，将旋转后的图像与原始刺激或靶刺激进行比较；第五，选择反应；第六，反应执行。

对于各心理旋转加工阶段的绩效如何判断，依据莱特（Wright）等人的观点（Wright等，2008），不同阶段的作用难以通过心理旋转的整体绩效来体现，因而将反应时指标分解为两个成分，分别是反应时—角度函数（图2–14）的斜率和截距。其中，斜率代表旋转阶段的加工，截距代表感知和决定阶段的加工（P. Jansen等，2012；Just，Carpenter，1985），分别用刺激未旋转时（即旋转角度为0°）的反应时和旋转速度（即用角度除以对应的反应时）作为评价指标（P. Jansen等，2012）。

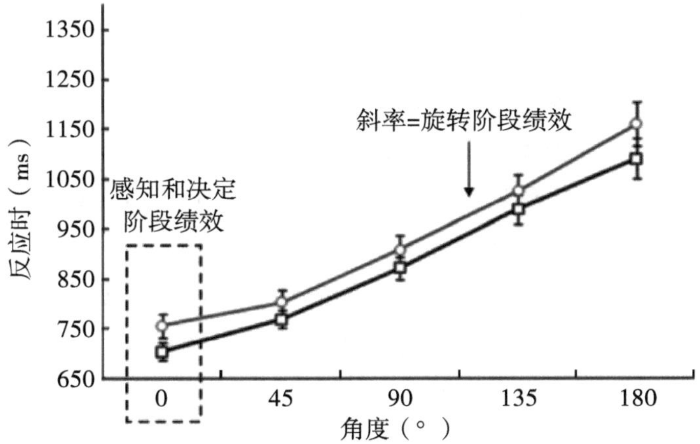

图2–14 不同表征方式的心理旋转的反应时—角度函数（Steggemann等，2011）

第五节　太极拳运动员心理旋转能力监控的实证研究

太极拳是一种身心锻炼方式。首先，它是一种轻至中等强度的有氧运动，可以通过有氧部分直接改善脑循环和神经递质的作用来促进认知能力。另外，当前研究认为太极拳与多数体育锻炼均存在明显差异。因为太极拳要求记忆复杂的运动序列，同时要求练习者始终保持注意力的集中，又要根据不同的动作将注意焦点分散到不同的部位。因此，与其他形式的体育锻炼相比，太极拳可能对记忆、认知灵活性和其他认知功能均有改善作用。一项元分析显示，太极拳锻炼可以显著改善基本认知能力、注意力、学习和记忆、语言、情绪和感知，以及健康成年人的大部分认知表现（Zheng等，2015）。还有研究比较了太极拳与常见身体锻炼对老年人认知功能的影响，结果表明坚持锻炼12个月不仅能够提高健康老年人的柔韧能力和平衡能力，同时也会显著提高认知功能（Taylor-Piliae等，2010）。

通过梳理研究发现，当前鲜有研究者聚焦太极拳运动对个体心理旋转能力的影响。宋薇比较了不同运动水平的武术练习者的心理旋转能力差异，发现高水平武术运动员的心理旋转反应时更短（宋薇，2008）。然而其研究对当前主体的借鉴意义不足，首先，其研究对象为武术运动参与者而非针对太极拳而论；其次，该研究采用的是字母心理旋转任务，这一任务能否受到运动经验的影响当前结论尚不清晰。心理旋转作为空间认知能力的重要组成部分，对运动员专项水平提升具有不可忽视的作用。此外，太极拳作为一种具有中国特色的身心运动，其本身就具有认知提升效益的特点。将二者结合，不仅能够进一步揭示太极拳运动的健心效益，也有助于促进心理旋转能力的理论阐释。

本研究旨在厘清太极拳运动与心理旋转能力的关系，并对太极拳运动能够有效地促进运动者的心理旋转能力进行解析，进而验证具身认知理论的观点，并在此基础上通过对心理旋转的表征方式的考察，确立太极拳运动影响心理旋转能力的空间具身特征。补充了当前国内外运动经验影响心理旋转能力研究中来自复杂技术的身心运动——太极拳的研究证据，能够为日后通过心理旋转提升太极拳运动员专项技能提供思路。

一、研究内容

本课题从具身认知角度出发，聚焦于太极拳运动对心理旋转能力的影响。首先，在前人对空间能力进行项目分类的基础上，根据开放性—闭锁性和空间性—非空间性矩阵，将运动项目分为：①闭锁空间性项目（太极拳、摔跤、体操、健美操）；②闭锁非空间性项目（跑步）；③开放空间性项目（篮球、足球、网球）；④开放非空间性项目（极少数项目符合特征，故缺失）。通过比较太极拳运动员与闭锁非空间性项目、开放空间性项目和同类的闭锁空间性项目运动员的心理旋转能力，挖掘太极拳运动对个体心理旋转的空间具身效应，本课题的主要研究内容有以下三个：

一是太极拳运动员与闭锁非空间性项目运动员的心理旋转能力比较。

二是通过比较两组的总体心理旋转能力，考察身体动作经验对个体的心理旋转等空间表征能力的促进作用，验证太极拳运动影响心理旋转能力的具身效应。

三是比较两组在不同表征方式下的心理旋转能力，探索心理旋转任务的表征方式与运动经验相匹配时，高水平太极拳运动员的任务绩效能否得到促进，进而考察太极拳运动影响心理旋转能力的空间具身效应。

二、研究方法

（一）文献法

通过搜索国内外文献数据库（Web of Science、SPORTDiscus、Elsevier、中国期刊网等）查找关于心理旋转、具身认知、太极拳以及认知能力等文献和书籍，对已收集的文献和材料进行梳理，深入了解研究背景，进而提出研究假设，为本研究顺利开展提供支撑和参考。

（二）调查法

访谈法：为了解郑州大学体育学院省太极拳队的基本情况和发展情况，对太极拳队的相关管理人员、教练员等进行了走访调查，了解太极拳队的管理现状、训练和比赛情况，深入挖掘太极拳队的现实问题和发展困境，为本研究的顺利开展提供有利的论据。

调查法：使用个人情况调查问卷收集被试的基本信息，包括性别、年龄、运动等级、训练年限、最好成绩等。

（三）实验法

1. 实验对象

太极拳运动员20人（12男），年龄17.55 ± 2.14岁，训练年限3.80 ± 2.14年，来自河南省太极拳队；闭锁空间性项目（摔跤、体操、健美操）运动员20人（9男），年龄19.59 ± 0.81岁，训练年限1.34 ± 0.55年，来自郑州大学体育学院运动训练和体育教育专业；闭锁非空间性项目（跑步）运动员20人（12男），年龄19.83 ± 0.91岁，训练年限4.12 ± 2.47年，来自郑州大学体育学院运动训练和体育教育专业；开放空间性项目（篮球、足球、网球）运动员20人（10男），年龄19.81 ± 0.79岁，训练年限3.07 ± 2.13年，来自郑州大学体育学院运动训练和体育教育专业。

2. 实验工具

通过美国特克萨斯A&M大学亚历山大（Alexander）编写的心理旋转纸笔测试，考察被试的心理旋转能力。该测试包含24道题，其中12道为三维图形的心理旋转题目，测试个体的客体心理旋转能力，其余12道为人体图形的心理旋转题目，测试个体的主体心理旋转能力。每道题目均1个参考图形和4个选项图形，需要被试判断在4个选项中的哪2个是由参考图形旋转变换而来。

（四）数理统计法

完成数据收集后使用SPSS统计软件，运用多因素方差分析等方法进行统计分析，从而获得与本研究相关的数据，支撑研究假设且有力说明存在的问题，从而保障本研究的开展的严谨性和科学性。

（五）逻辑分析法

从多学科交叉的视角对郑州大学体育学院太极拳运动员进行研究和总结，运用比较法、归纳法等梳理和分析相关的数据资料，发现其相关的影响因素，进而提出相应的促进措施。

三、研究结果

研究结果包含三个部分：第一，太极拳运动员与闭锁非空间性项目运动员的心理旋转能力比较；第二，太极拳运动员与开放空间性项目运动员的心理旋转能力比较；第三，太极拳运动员与闭锁空间性项目运动员的心理旋转能力比较。每部分包括：①总体心理旋转能力比较；②不同运动年限下（按照小于或等于5年为1组，大于5年且小于或等于10年为2组，大于10年为3组），两项目类型运动员的心理旋转能力比较；③不同性别下，两项目类型运动员的心理旋转能力比较。

（一）太极拳与闭锁非空间性项目的对比

1. 总体心理旋转能力

（1）主体心理旋转能力

由表2–4可知太极拳运动员和闭锁非空间性项目运动员的主体心理旋转能力的比较情况。太极拳运动员的主体心理旋转平均得分为11.25 ± 0.79，闭锁非空间性项目的主体心理旋转平均得分为9.55 ± 2.48，方差分析发现，两者具有显著差异（p<0.05），即太极拳运动员的主体心理旋转能力显著优于闭锁非空间性项目（如竞赛类的跑步项目）。主体心理旋转能力代表了个体作为第一人称执行动作时的空间感知能力水平。由于太极拳运动包含了丰富的旋转动作技术，且研究中的太极拳组被试具有较高的运动技术水平，因而来自运动项目中的经验促进了主体心理旋转能力的发展；对于闭锁非空间性项目而言，本研究调查的是跑步项目的运动员。跑步项目是几乎不具有任何空间要求的闭锁性项目，因为即使为优秀的跑步项目运动员，也难以从其运动经验中获益。因此，

研究结果显示，与闭锁非空间性项目相比，太极拳运动员具有显著更高的主体心理旋转优势。

表2-4　太极拳运动员与闭锁非空间性项目运动员的主体心理旋转得分（*N*=40）

类型	均值	标准差
闭锁非空间性项目	9.55	2.48
太极拳	11.25*	0.79

注：*代表组间差异显著（$p<0.05$）。

（2）客体心理旋转能力

由表2-5可知太极拳运动员和闭锁非空间性项目运动员的客体心理旋转能力的比较情况。太极拳运动员的图形题目平均得分为10.55 ± 1.00，闭锁非空间性项目运动员的图形题平均得分为8.34 ± 3.22，方差分析发现，两者具有显著差异（$p<0.05$），即太极拳运动员的客体心理旋转能力显著优于闭锁非空间性项目（如竞赛类的跑步项目）运动员。客体心理旋转能力代表个体以第三人称的角度去感知空间中的动作的认知能力。对于太极拳运动员而言，他们不仅具有复杂旋转性动作的执行经验，同时由于平时训练中和比赛中经常通过观察来学习别人的动作，因而发展了其旋转动作的客体心理旋转能力；反之，跑步类的闭锁非空间性项目动作几乎不涉及观察旋转动作，因而显示出太极拳运动员的客体心理旋转能力显著优于闭锁非空间性项目运动员的研究结果。

表2-5　太极拳运动员与闭锁非空间性运动员的客体心理旋转得分（*N*=40）

类型	均值	标准差
闭锁非空间性项目	8.34	3.22
太极拳	10.55**	1.00

注：**代表组间差异显著（$p<0.01$）。

（3）心理旋转总分

由表2-6可知，太极拳运动员和闭锁非空间性项目运动员总体心理旋转能力的比较情况，太极拳运动员总体心理旋转能力的平均值为21.80 ± 1.51，闭锁非空间性项目运动员的总体心理旋转能力的平均值为17.89 ± 5.27。根据方差分析比较发现，两者存在明显差异（$p<0.05$），即太极拳运动员的总体心理旋转能力显著优于闭锁非空间性项目运动员（如竞赛类的跑步项目）。总体心理旋转得分由测试中的人体题目和图形题目两项的得分相加得到，代表了个体整体的心理旋转能力水平。可以看出，与主体心理旋转和客体心理旋转的趋势类似，太极拳运动员的总体心理旋转能力显著优于闭锁非空间性的跑步项目运动员。心理旋转能力是个体在头脑中操作物体进行旋转的能力，由上述结果可见，太极拳运动员的总体心理旋转能力是显著高于闭锁非空间性项目运动员的。通过将太极拳运动与闭锁非空间性项目相比，可以得出结论：同为闭锁性项目，处于空间性水平线两端（即闭锁空间性项目和闭锁非空间性项目）的两类项目在客体心理旋转、主体心理旋转和总体心理旋转水平上均存在显著差异。相较于前人研究，塞尔维（Sylvie）等选取对心理/身体旋转要求程度不同的项目运动员以及非运动员，哈巴查等将运动项目根据空间因素的复杂程度分为空间性和非空间性项目，然而都未能发现组间差异（Habacha，Molinaro，Dosseville，2014；Sylvie等，2002）。本研究在区分项目空间性的前提下进行了开放性和闭锁性的划分，因而验证了前人“空间因素更丰富的项目运动员的心理旋转能力应该更好”的假设。

表2-6　太极拳运动员与闭锁非空间性项目运动员的总体心理旋转得分（N=40）

类型	均值	标准差
闭锁非空间性项目	17.89	5.27
太极拳	21.80***	1.51

注：***代表组间差异显著（$p<0.001$）。

2. 不同运动年限两项目类型运动员的心理旋转能力

（1）主体心理旋转能力

由表2-7可知太极拳运动员和闭锁非空间性项目运动员不同训练年限的主体心理旋转能力比较情况。训练年限共划分为三个阶段：1.00为小于或等于5年（$1\leqslant5$）；2.00为大于5年且小于或等于10年；（$5<2\leqslant10$）；3.00为大于10年（$3>10$）。太极拳运动员1.00（$1\leqslant5$）年限的主体心理旋转能力的平均值为11.21 ± 0.79，闭锁非空间性项目运动员1.00（$1\leqslant5$）年限的主体心理旋转能力的平均值为9.93 ± 2.13。根据方差分析比较发现，两者差异不明显；闭锁非空间性项目运动员2.00（5<2≤10）年限的主体心理旋转能力的平均值为9.13 ± 2.38，然而，太极拳运动员2.00（5<2≤10）年限的被试只有1人，且结果比较不显著。从被试运动员总体的训练年限看主体心理旋转能力，太极拳运动员主体心理旋转能力的平均值为11.25 ± 0.79，闭锁非空间性项目运动员主体心理旋转能力的平均值为9.71 ± 2.21，根据方差分析比较发现，两者差异不明显。

表2-7　不同训练年限太极拳运动员与闭锁非空间性项目运动员的主体心理旋转得分（*N*=40）

类型	运动年限	均值	标准差
闭锁非空间性项目	1.00	9.93	2.13
	2.00	9.13	2.38
太极拳	1.00	11.21	0.79
	2.00	12.00	—

注：运动年限1.00=小于或等于5年，2.00=大于5年且小于或等于10年。

结果未能发现太极拳运动员和跑步运动员在主体心理旋转能力上的差异。这一结果可能提示我们，如果想要提高个体作为第一人称执行动作时的空间感知能力水平，需要长于5年的运动项目练习，才有可能出现显著提升。

（2）客体心理旋转能力

由表2-8可知太极拳运动员和闭锁非空间性项目运动员不同训练年限的客体心理旋转能力比较情况。训练年限共划分为三个阶段：1.00为小于或等于5年（1≤5）；2.00为大于5年且小于或等于10年（5<2≤10）；3.00为大于10年（3>10）。太极拳运动员1.00（1≤5）年限的客体心理旋转能力的平均值为10.63 ± 0.96，闭锁非空间性项目运动员1.00（1≤5）年限的客体心理旋转能力的平均值为8.68 ± 2.97。根据方差分析比较发现，两者存在明显差异（$p<0.05$），即运动年限在5年以内的太极拳运动员的客体心理旋转能力显著优于闭锁非空间性项目（如竞赛类的跑步项目）运动员。闭锁非空间性项目运动员2.00（5<2≤10）年限的客体心理旋转能力的平均值为7.93 ± 3.41，然而，太极拳运动员2.00（5<2≤10）年限的被试只有1人，且结果比较不显著。从被试总体的训练年限看客体旋转能力，太极拳运动员客体心理旋转能力的平均值

为10.55 ± 1.00，闭锁非空间性项目运动员客体心理旋转能力的平均值为8.47 ± 3.08，根据方差分析比较发现，两者差异不明显。

表2-8　不同训练年限太极拳运动员与闭锁非空间性项目运动员的客体心理旋转得分（*N*=40）

类型	运动年限	均值	标准差
闭锁非空间性项目	1.00	8.68	2.97
	2.00	7.93	3.41
太极拳	1.00	10.63*	0.96
	2.00	9.00	—

注：运动年限1.00=小于等于5年，2.00=大于5年且小于或等于10年。*代表组间差异显著（$p<0.05$）。

由于本次测试的河南省太极拳队运动员的训练年限大多小于或等于5年，因此在比较中更多关注该训练年限阶段中不同组别之间的结果。由结果可知，对于同样进行5年及以下运动专项训练的不同项目运动员，其运动项目和训练技术的不同，使得其客体心理旋转能力出现显著差异。这一结果也提示我们，即便是进行小于或等于5年的太极拳训练，也能够显著提高个体的空间认知能力，因此，太极拳可以作为一项老年人的建议锻炼项目，通过练习太极拳提升老年人的空间能力，进而迁移到空间方位识别、空间记忆等日常生活能力。

（3）心理旋转总分

由表2-9可知太极拳运动员和闭锁非空间性项目运动员不同训练年限的总体心理旋转能力比较情况。训练年限共划分为三个阶段：1.00为小于或等于5年（1≤5）；2.00为大于5年且小于或等于10年（5<2≤10）；3.00为大于10年（3>10）。太极拳运动员1.00（1≤5）年限的总体心理旋转能力的平均值为21.84 ± 1.54，闭锁非空间性项目运动员1.00（1≤5）年限的总体心理旋转能力的平均值为18.60 ± 4.65。根据方差分析比较发现，两者存在明显差异（$p<0.05$），即运动年限在5年以内的太极拳运动员的总体心理旋转能力显著优于闭锁非空间性项目运动员；闭锁非空间性项目运动员2.00（5<2≤10）年限的总体心理旋转能力的平均值为17.07 ± 5.36，然而，太极拳运动员2.00（5<2≤10）年限的被试只有1人，且结果比较不显著。从被试总体的训练年限看主体心理旋转能力，太极拳运动员总体心理旋转能力的平均值为21.80 ±

1.51，闭锁非空间性项目运动员总体心理旋转能力的平均值为18.18±5.85，根据方差分析比较发现，两者差异不明显。

表2-9 不同训练年限太极拳运动员与闭锁非空间性项目运动员的心理旋转总分（N=40）

类型	运动年限	均值	标准差
闭锁非空间性项目	1.00	18.60	4.65
	2.00	17.07	5.36
太极拳	1.00	21.84*	1.54
	2.00	21.00	—

注：运动年限1.00=小于或等于5年，2.00=大于5年且小于或等于10年。*代表组间差异显著（$p<0.05$）。

具身认知的观点提示我们，个体运动水平越高、经验越丰富，心理旋转能力应当越强。集中在体操、足球、摔跤、定向运动等项目的研究发现，运动员在三维抽象图形和人体图形心理旋转任务中的成绩显著高于非运动员，同一项目中专家运动员的心理旋转成绩显著高于新手运动员（Jansen等，2012；Moreau等，2011；Jennifer，2013；Schmidt等，2015）。本研究中，来自总体心理旋转能力的研究结果显示，5年及以下训练年限的太极拳运动员的总体心理旋转能力显著高于跑步项目运动员，说明对于相似训练年限阶段而言，练习太极拳项目能够更显著地提升个体的心理旋转水平。相似地，施密特（Schmit）等发现大学跑步俱乐部队员的心理旋转速度和心理旋转成绩与没有运动习惯的学生相比不存在差异（Schmidt等，2015），因而间接证实，跑步项目对旋转表象的需求相对较低。

3. 不同性别两项目类型运动员的心理旋转能力

（1）主体心理旋转能力

由表2-10可知太极拳运动员和闭锁非空间性项目运动员不同性别的主体心理旋转能力比较情况。太极拳男运动员的主体心理旋转能力的平均值为11.17±0.72，闭锁非空间性项目男运动员的主体心理旋转能力的平均值为9.28±2.67。根据方差分析比较发现，两者无明显差异；太极拳女运动员主体心理旋转能力的平均值为11.38±0.92，闭锁非空间性项目女运动员的主体心理旋转能力的平均值为10.05±2.06。根据方差分析比较发现，两者无明显差异。与客体心理旋转的结果不同，研究结果没有显示主体心理旋转中不同性别的项目差异。前人研究发现，空间能力的性别差异结果，可能与刺激类型有关，詹森等证实运动者在人体图形任务中表现出的性别差异显著小于抽象图形（Petra，Jennifer，2013），这一结果也与本研究一致。

表2-10　不同性别太极拳运动员与闭锁非空间性项目运动员的主体心理旋转得分（N=40）

类型	性别	均值	标准差
闭锁非空间性项目	1.00	9.28	2.67
	2.00	10.05	2.06
太极拳	1.00	11.17	0.72
	2.00	11.38	0.92

注：性别1.00=男性，2.00=女性。

（2）客体心理旋转能力

由表2-11可知太极拳运动员和闭锁非空间性项目运动员不同性别的客体心理旋转能力比较情况。太极拳男运动员客体心理旋转能力的平均值为10.75 ± 1.14，闭锁非空间性项目男运动员的客体心理旋转能力的平均值为8.08 ± 3.42。根据方差分析比较发现，两者存在明显差异（$p<0.05$），即太极拳男运动员的客体心理旋转能力显著优于闭锁非空间性项目男运动员；太极拳女运动员客体心理旋转能力的平均值为10.25 ± 0.71，闭锁非空间性项目女运动员的客体心理旋转能力的平均值为8.80 ± 2.84。根据方差分析比较发现，两者无明显差异。性别差异是空间认知领域被广泛关注的议题之一，大量研究证明男性的空间认知能力优于女性（Hegarty，Waller，2005）。因此，本研究想要比较同一性别个体，在从事太极拳运动和闭锁非空间性项目运动后的客体心理旋转能力的提升。研究结果显示，似乎男性的客体心理旋转能力能够从太极拳运动中获益更多，进而体现了项目间的显著差异。但不可忽视的是，研究结果也显示出女性太极拳运动员的客体心理旋转优势的趋势。

表2-11　不同性别太极拳运动员与闭锁非空间性项目运动员的客体心理旋转得分（N=40）

类型	性别	均值	标准差
闭锁非空间性项目	1.00	8.08	3.42
	2.00	8.80	2.84
太极拳	1.00	10.75**	1.14
	2.00	10.25	1.71

注：性别1.00=男性，2.00=女性。**代表组间差异显著（$p<0.01$）。

（3）心理旋转总分

由表2–12可知太极拳运动员和闭锁非空间性项目运动员根据不同性别的总体心理旋转能力比较情况。太极拳男运动员总体心理旋转能力的平均值为21.92 ± 1.68，闭锁非空间性项目男运动员的总体心理旋转能力的平均值为17.36 ± 5.72。根据方差分析比较发现，两者存在明显差异（$p<0.05$），即太极拳男运动员的总体心理旋转能力显著优于闭锁非空间性项目男运动员；太极拳女运动员总体心理旋转能力的平均值为21.63 ± 1.30，闭锁非空间性项目女运动员的总体心理旋转能力的平均值为18.85 ± 4.31。根据方差分析比较发现，两者无明显差异。梳理前人研究发现，研究者从认知能力可塑性的观点出发，认为男性和女性运动者在积累运动经验的过程中，心理旋转能力得到了同等程度提升，使得性别之间的差距依然存在（Pietsch，Jansen，2012b；Schmidt等，2015）。然而，研究发现空间能力差异除了受大脑功能偏侧化、性激素、大脑大小等个体生理因素的影响外，也会受到社会环境因素以及活动参与的影响（Peters等，2007；Siegel-Hinson，McKeever，2002）。与此一致，本研究显示，太极拳练习能够使男性运动员的心理旋转能力显著高于跑步项目的男性运动员。

表2–12　不同性别太极拳运动员与闭锁非空间性项目运动员的心理旋转总分（*N*=40）

类型	性别	均值	标准差
闭锁非空间性项目	1.00	17.36	5.72
	2.00	18.85	4.31
太极拳	1.00	21.92	1.68
	2.00	21.63	1.30

注：性别1.00=男性，2.00=女性。

（二）太极拳与开放空间性项目的对比

1. 总体心理旋转能力

（1）主体心理旋转能力

由表2–13可知太极拳运动员和开放空间性项目（如篮球、网球等项目）运动员的主体心理旋转能力的比较情况。太极拳运动员主体心理旋转能力的平均值为11.25 ± 0.78，开放空间性项目运动员的主体心理旋转能力的平均值为9.93 ± 2.12。根据方差分析比较发现，两者存在明显差异（$p<0.05$），即太极拳运动员的主体心理旋转能力显著优于开放空间性项目运动员。如上所述，作为闭锁性项目，太极拳运动员在习练中更多地关注自己的动作执行，其技术动作几乎不受外界影响，获取了更强的主体心理旋转能力。因此，与球类项目等开放空间性项目相比，太极拳运动员具有主体心理旋转优势。

表2-13　太极拳运动员与开放空间性项目运动员的主体心理旋转得分（N=40）

类型	均值	标准差
开放空间性项目	9.93	2.12
太极拳	11.25*	0.79

注：*代表组间差异显著（$p<0.05$）。

（2）客体心理旋转能力

由表2-14可知太极拳运动员和开放空间性项目（如篮球、网球等项目）运动员的客体心理旋转能力的比较情况。太极拳运动员客体心理旋转能力的平均值为10.55 ± 1.00，开放空间性项目运动员的客体心理旋转能力的平均值为9.89 ± 2.11。根据方差分析比较发现，两者无明显差异。

表2-14　太极拳运动员与开放空间性项目运动员的客体心理旋转得分（N=40）

类型	均值	标准差
开放空间性项目	9.89	2.11
太极拳	10.55	1.00

对于太极拳运动（闭锁空间性项目）和开放空间性项目的客体心理旋转能力的比较发现，二者之间不存在显著差异。究其原因，可能是因为开放性的球类项目要求运动员在训练和比赛时刻注意队友和对手的一举一动，包括旋转类动作（如篮球和足球转身），需要其随时根据换进去改变下一步的策略和计划，因而提升了其客体心理旋转能力，使其与太极拳运动员更加接近。

（3）心理旋转总分

由表2–15可知太极拳运动员和开放空间性项目（如篮球、网球等项目）运动员的总体心理旋转能力的比较情况。太极拳运动员总体心理旋转能力的平均值为21.80 ± 1.51，开放空间性项目运动员的总体心理旋转能力的平均值为19.82 ± 3.51。根据方差分析比较发现，两者无明显差异。来自心理旋转总分的结果显示，同为空间性项目，闭锁性的太极拳和开放性的球类项目的运动员心理旋转能力不存在明显差异，说明只要运动项目包含空间变换和空间操作性信息，长期习练都能增加空间能力。

表2–15　太极拳运动员与开放空间性项目运动员的心理旋转总分（*N*=40）

类型	均值	标准差
开放空间性项目	19.82	3.50
太极拳	21.80	1.51

2. 不同运动年限两项目类型运动员的心理旋转能力

（1）主体心理旋转能力

由表2–16可知太极拳运动员和开放空间性项目运动员不同训练年限的主体心理旋转能力比较情况。训练年限共划分为三个阶段：1.00为小于或等于5年（1≤5）；2.00为大于5年且小于或等于10年（5<2≤10）；3.00为大于10年（3>10）。太极拳运动员1.00（1≤5）年限的主体心理旋转能力的平均值为11.21 ± 0.79，开放空间性项目运动员1.00（1≤5）年限的主体心理旋转能力的平均值为9.83 ± 2.17。根据方差分析比较发现，两者存在明显差异（$p<0.05$），即运动年限在5年以内的太极拳运动员的主体心理旋转能力显著优于开放空间性项目运动员；开放空间性项目运动员2.00（5<2≤10）年限的主体心理旋转能力的平均值为10.54 ± 1.67，然而，太极拳运动员2.00（5<2≤10）年限的被试只有1人，且结果比较不显著。

结合上一部分总分，这部分的结果值得深入探讨。同为空间性项目，即便只积累了5年及以下的太极拳运动经验的个体，已经能够体现显著高于相同训练年限的球类项目运动员的主体心理旋转能力。究其原因，可能是因为太极拳运动更多的是从运动员自身角度进行动作（包括旋转性动作如翻转、腾空等）习练、表象和模仿，因而大幅提升主体心理旋转能力。

表2–16　不同运动年限太极拳运动员与开放空间性项目运动员的主体心理旋转得分（*N*=40）

类型	运动年限	均值	标准差
开放空间性项目	1.00	9.83	2.18
	2.00	10.54	1.67
	3.00	11.50	0.71
太极拳	1.00	11.21*	0.79
	2.00	12.00	—

注：运动年限1.00=小于或等于5年，2.00=大于5年且小于或等于10年，3.00=大于10年。*代表组间差异显著（$p<0.05$）。

（2）客体心理旋转能力

由表2–17可知，太极拳运动员和开放空间性项目运动员根据不同训练年限的客体心理旋转能力比较情况。训练年限共划分为三个阶段：1.00为小于或等于5年（1≤5）；2.00为大于5年且小于或等于10年（5<2≤10）；3.00为大于10年（3>10）。太极拳运动员1.00（1≤5）年限的客体心理旋转能力的平均值为10.63 ± 0.96，开放空间性项目运动员1.00（1≤5）年限的客体心理旋转能力的平均值为9.85 ± 2.15。根据方差分析比较发现，两者无明显差异；开放空间性项目运动员2.00（5<2≤10）年限的客体心理旋转能力的平均值为10.17 ± 1.80，然而，太极拳运动员2.00（5<2≤10）年限的被试只有1人，且结果比较不显著。

表2–17　不同运动年限太极拳运动员与开放空间性项目运动员的客体心理旋转得分（*N*=40）

类型	运动年限	均值	标准差
开放空间性项目	1.00	9.85	2.15
	2.00	10.17	1.80
	3.00	11.50	0.71
太极拳	1.00	10.63	0.96
	2.00	9.00	—

注：运动年限1.00=小于或等于5年，2.00=大于5年且小于或等于10年，3.00=大于10年。

结果显示，训练年限的提升并不能促进太极拳运动与球类运动之间的客体心理旋转差异，也就是说，无论进行多久的运动训练，二者都能够提升个体的客体旋转能力。因而提示我们，如果想要促进客体空间能力，从事开放性的球类项目和闭锁性的太极拳项目都能够达到相似的效果。

（3）心理旋转总分

由表2–18可知太极拳运动员和开放空间性项目运动员不同训练年限的总体心理旋转能力比较情况。训练年限共划分为三个阶段：1.00为小于或等于5年（1≤5）；2.00为大于5年且小于或等于10年（5<2≤10）；3.00为大于10年（3>10）。太极拳运动员1.00（1≤5）年限的总体心理旋转能力的平均值为21.84 ± 1.54，开放空间性项目运动员1.00（1≤5）年限的总体心理旋转能力的平均值为19.67 ± 3.57。根据方差分析比较发现，两者无明显差异；开放空间性项目运动员2.00（5<2≤10）年限的总体心理旋转能力的平均值为20.71 ± 2.87，然而，太极拳运动员2.00（5<2≤10）年限的被试只有1人，且结果比较不显著。

表2–18　不同运动年限太极拳运动员与开放空间性项目运动员的心理旋转总分（*N*=40）

类型	运动年限	均值	标准差
开放空间性项目	1.00	19.67	3.57
	2.00	20.71	2.87
	3.00	23.50	0.71
太极拳	1.00	21.84	1.54
	2.00	21.00	—

注：运动年限1.00=小于或等于5年，2.00=大于5年且小于或等于10年，3.00=大于10年。

这部分结果与总分部分结果类似。从开放空间性项目来看，运动经验的提升似乎有促进总体心理旋转能力的趋势，但并不显著。比较两类项目，研究结果确认了无论开放性还是闭锁性空间项目，都能相似程度地提升运动员的总体心理旋转能力。

3. 不同性别两项目类型运动员的心理旋转能力

（1）主体心理旋转能力

由2–19可知太极拳运动员和开放空间性项目运动员不同性别的主体心理旋

转能力比较情况。太极拳男运动员主体心理旋转能力的平均值为11.17 ± 0.72，开放空间性项目男运动员的主体心理旋转能力的平均值为9.90 ± 2.11，根据方差分析比较发现，两者无明显差异；太极拳女运动员主体心理旋转能力的平均值为11.38 ± 0.92，开放空间性项目女运动员的主体心理旋转能力的平均值为10.02 ± 2.15。根据方差分析比较发现，两者无明显差异。不同性别的主体心理旋转能力比较未能发现太极拳项目和以球类为主的开放空间性项目运动员的显著差异。但研究结果显示了一种趋势：两类项目中，女性运动员的主体心理旋转能力都略高于男性运动员。这一结果与前人研究一致，有研究认为性别差异能够通过参与活动来弥补，具体表现为女运动员从活动中获得更大提升（Habacha，Molinaro，Dosseville，2014）。他们认为女性在活动参与中改善了视觉搜索行为，因而在心理旋转任务的感知过程或编码过程中表现更好（Jansen等，2012），使得心理旋转分数提高。

表2–19　不同性别太极拳运动员与开放空间性项目运动员的主体心理旋转得分（*N*=40）

类型	性别	均值	标准差
开放空间性项目	1.00	9.90	2.11
	2.00	10.02	2.15
太极拳	1.00	11.17	0.72
	2.00	11.38	0.92

注：性别1.00=男性，2.00=女性。

（2）客体心理旋转能力

由表2–20可知太极拳运动员和开放空间性项目运动员不同性别的客体心理旋转能力比较情况。太极拳男运动员客体心理旋转能力的平均值为10.75 ± 1.34，开放空间性项目男运动员的客体心理旋转能力的平均值为9.96 ± 2.05。根据方差分析比较发现，两者无明显差异；太极拳女运动员客体心理旋转能力的平均值为10.25 ± 0.71，开放空间性项目女运动员的客体心理旋转能力的平均值为9.64 ± 2.28。根据方差分析比较发现，两者无明显差异。

来自不同性别的客体心理旋转能力比较未能发现各性别下太极拳项目和以球类为主的开放空间性项目运动员的显著差异。但研究结果有两点提示：第一，两组运动员中男性的客体心理旋转能力都有高于女性的趋势，虽然并不显著，但验证了长久以来大量研究证明男性的空间认知能力优于女性的结论（Hegarty，Waller，2005）。第二，两类项目的性别差异的同向趋势可能是未能发现组间差异的原因，即开放空间性项目和闭锁空间性项目都能够提升个体的客体心理旋转能力。

表2-20　不同性别太极拳运动员与开放空间性项目运动员的客体心理旋转得分（*N*=40）

类型	性别	均值	标准差
开放空间性项目	1.00	9.97	2.05
	2.00	9.64	2.28
太极拳	1.00	10.75	1.14
	2.00	10.25	0.71

注：性别1.00=男性，2.00=女性。

（3）心理旋转总分

由表2-21可知太极拳运动员和开放空间性项目运动员不同性别的总体心理旋转能力比较情况，太极拳男运动员总体心理旋转能力的平均值为21.92 ± 1.68，开放空间性项目男运动员的总体心理旋转能力的平均值为19.67 ± 3.68，根据方差分析比较发现，两者无明显差异；太极拳女运动员总体心理旋转能力的平均值为21.63 ± 1.30，开放空间性项目女运动员的总体心理旋转能力的平均值为19.67 ± 3.68。根据方差分析比较发现，两者无明显差异。总体而言，研究结果发现闭锁空间性项目和开放空间性项目都能够相似地提升运动员的心理旋转能力。但是研究结果显示了太极拳运动员似乎具有更优心理旋转能力的趋势，提示我们在未来可以通过扩大样本量等手段去进一步确认两类项目的差异。

表2-21　不同性别太极拳运动员与开放空间性项目运动员的心理旋转总分（*N*=40）

类型	性别	均值	标准差
开放空间性项目	1.00	19.86	3.45
	2.00	19.67	3.68
太极拳	1.00	21.92	1.68
	2.00	21.63	1.30

注：性别1.00=男性，2.00=女性。

（三）太极拳与闭锁空间性项目的对比

为了确定太极拳运动员是否与闭锁空间性项目运动员的心理旋转能力存在差异，研究比较了总分、不同训练年限和不同性别的太极拳与闭锁空间性项目在客体、主体和总体心理旋转能力的差异。

1. 总体心理旋转能力

（1）主体心理旋转能力

由表2–22可知太极拳运动员和闭锁空间类项目运动员的主体心理旋转能力的比较情况。太极拳运动员主体心理旋转能力的平均值为11.25 ± 0.79，闭锁空间类项目运动员的主体心理旋转能力的平均值为10.10 ± 2.37。根据方差比较发现，两者无明显差异。从主体心理旋转来看，太极拳运动员的心理旋转能力与摔跤、体操、健美操等项目的运动员不存在显著差异。可能是由于这些项目均需要运动员进行大量的动作练习，从运动员自身的角度进行动作（包括旋转动作）的感知和记忆，使得同类项目的运动员的主体心理旋转能力都得到了提升。

表2–22　太极拳运动员与闭锁空间性运动员的主体心理旋转得分（N=40）

类型	均值	标准差
闭锁空间性项目	10.10	2.37
太极拳	11.25	0.79

（2）客体心理旋转能力

由表2–23可知太极拳运动员和闭锁空间类项目（体操、定向越野等项目）运动员的客体心理旋转能力的比较情况。太极拳运动员客体心理旋转能力的平均值为10.55 ± 1.00，闭锁空间类项目运动员的客体心理旋转能力的平均值为9.29 ± 2.84。根据方差比较发现，两者无明显差异。从客体心理旋转来看，太极拳运动员的心理旋转能力与摔跤、体操、健美操等项目的运动员不存在显著差异。因而证明了同为闭锁空间性项目，它们对于运动员客体空间能力的提升作用颇为相似。

表2-23 太极拳运动员与闭锁空间性运动员的客体心理旋转得分（N=40）

类型	均值	标准差
闭锁空间性项目	9.29	2.84
太极拳	10.55	1.00

（3）心理旋转总分

由表2-24可知太极拳运动员和闭锁空间类项目运动员的总体心理旋转能力的比较情况，太极拳运动员总体心理旋转能力的平均值为21.80 ± 1.51，闭锁空间类项目运动员的总体心理旋转能力的平均值为19.39 ± 4.83。根据方差比较发现，两者存在明显差异（$p<0.05$），即太极拳运动员的总体心理旋转能力显著优于闭锁空间性项目运动员。

表2-24 太极拳运动员与闭锁空间性运动员的心理旋转总分（N=40）

类型	均值	标准差
闭锁空间性项目	19.39	4.83
太极拳	21.80+	1.51

注：+代表组间差异边缘显著（p=0.094）。

研究结果显示，将太极拳、摔跤、体操等项目作为闭锁空间性项目进行心理旋转能力比较是合理的。前人研究曾做过相似比较，但因为项目分类不合适而未发现空间性和非空间性项目之间的差异。塞尔维等选取对心理/身体旋转要求程度不同的项目运动员以及非运动员，分为旋转要求高的项目（体操）和要求低的项目（手球、橄榄球、篮球、足球、羽毛球、摔跤、柔道和田径），相似的，哈巴查等根据空间因素的复杂程度将运动项目分为空间性项目（足球、手球、篮球、持拍项目、曲棍球、体操）和非空间性项目（田径、摔跤、游泳），然而都未能发现组间差异（Habacha，Molinaro，Dosseville，2014；Sylvie等，2002），其原因有二：第一，将球类等开放空间性项目作为非空间性或非旋转性项目进行比较；第二，将摔跤、柔道等闭锁空间性项目作为非空间性或非旋转性项目进行比较。由此可见，本研究的分类方式在一定程度上弥补了前人研究的不足。

2. 不同运动年限两项目类型运动员的心理旋转能力

（1）主体心理旋转能力

由表2–25可知太极拳运动员和闭锁空间类项目运动员不同训练年限的主体心理旋转比较情况。不同训练年限共划分为三个阶段：1.00为5年（1≤5）；2.00为大于5年且小于等于10年（5<2≤10）；3.00为大于10年（3>10）。太极拳运动员1.00（1≤5）年限的主体心理旋转的平均值为11.21 ± 0.79，闭锁空间类项目运动员1.00（1≤5）年限的主体心理旋转能力的平均值为10.02 ± 2.38。根据方差比较发现，两者差异不明显。

表2–25　不同运动年限太极拳运动员与闭锁空间性运动员的主体心理旋转得分（N=40）

类型	运动年限	均值	标准差
闭锁空间性项目	1.00	10.02	2.38
太极拳	1.00	11.21	0.79
	2.00	12.00	—

注：运动年限1.00=小于等于5年，2.00=大于5年小于等于10年。

由于所有的闭锁空间性项目运动员的训练年限都不超过5年，因此主要比较了这些运动员与太极拳运动员的主体心理旋转能力的差异。研究发现，即便是5年及以下的闭锁空间性练习和太极拳练习，都能够提升个体的主体心理旋转能力。

（2）客体心理旋转能力

由表2–26可知太极拳运动员和闭锁空间类项目运动员不同训练年限的客体心理旋转比较情况。不同训练年限共划分为三个阶段：1.00为5年（1≤5）；2.00为大于5年且小于等于10年（5<2≤10）；3.00为大于10年（3>10）。太极拳运动员1.00（1≤5）年限的客体心理旋转的平均值为10.63 ± 0.96，闭锁空间类项目运动员1.00（1≤5）年限的客体心理旋转能力的平均值为9.21 ± 2.86。根据方差比较发现，两者差异不明显。

表2-26　不同运动年限太极拳运动员与闭锁空间性运动员的客体心理旋转得分（N=40）

类型	运动年限	均值	标准差
闭锁空间性项目	1.00	9.21	2.87
太极拳	1.00	10.63	0.96
	2.00	9.00	—

注：运动年限1.00=小于等于5年，2.00=大于5年小于等于10年。

由于所有的闭锁空间性项目运动员的训练年限都不超过5年，因此主要比较了这些运动员与太极拳运动员的心理旋转能力的差异。研究发现，即便是5年及以下的闭锁空间性练习和太极拳练习，都能够提升个体的客体心理旋转能力。

（3）心理旋转总分

由表2-27可知太极拳运动员和闭锁空间类项目运动员不同训练年限的总体心理旋转比较情况。不同训练年限共划分为三个阶段：1.00为5年（1≤5）；2.00为大于5年且小于等于10年（5<2≤10）；3.00为大于10年（3>10）。太极拳运动员1.00（1≤5）年限的总体心理旋转的平均值为21.84 ± 1.54，闭锁空间类项目运动员1.00（1≤5）年限的主体心理旋转能力的平均值为19.23 ± 4.86，根据方差比较发现，两者差异不明显。

表2-27　不同运动年限太极拳运动员与闭锁空间性运动员的心理旋转总分（N=40）

类型	运动年限	均值	标准差
闭锁空间性项目	1.00	19.23	4.86
太极拳	1.00	21.84	1.54
	2.00	21.00	—

注：运动年限1.00=小于等于5年，2.00=大于5年小于等于10年。

总分的比较仍然没有发现太极拳运动员与摔跤、体操、健美操等闭锁空间性项目的差异。因而提示我们，如果想要提升个体的空间能力，从事闭锁空间性项目是一个合适的选择，不仅如此，无论是从事摔跤、健美操还是太极拳，都能收到较好的提升效益。

3. 不同性别两项目类型运动员的心理旋转能力

（1）主体心理旋转能力

由表2-28可知，不同性别太极拳运动员和闭锁空间类项目的运动员的主体心理旋转比较情况，太极拳男运动员主体心理旋转的平均值为11.17 ± 0.72，闭锁空间类项目男运动员的主体心理旋转能力的平均值为10.25 ± 2.54，根据方差比较发现，两者无明显差异；太极拳女运动员主体心理旋转的平均值为11.38 ± 0.92，闭锁空间类项目女运动员的客体心理旋转能力的平均值为9.96 ± 2.23，根据方差比较发现，两者无明显差异。

表2-28　不同性别太极拳运动员与闭锁空间性运动员的主体心理旋转得分（*N*=40）

类型	性别	均值	标准差
闭锁空间性项目	1.00	10.25	2.54
	2.00	9.96	2.23
太极拳	1.00	11.17	0.72
	2.00	11.38	0.92

注：性别1.00=男性，2.00=女性。

研究结果显示发现男性和女性太极拳运动员与其他闭锁空间性项目运动员在主体心理旋转能力上的差异，说明不同性别的练习者在太极拳和摔跤、体操等项目中能够获得相似的主体心理旋转能力的提升。结果还显示，女性太极拳运动员的主体心理旋转能力有高于男运动员的趋势，这一结果验证了前人的研究，近几年，有研究认为性别差异能够通过参与活动来弥补，具体表现为女运动员从活动中能够获得更大的提升（H. Habacha，C. Molinaro，F. Dosseville，2014）。

（2）客体心理旋转能力

由表2-29可知，不同性别太极拳运动员和闭锁空间类项目的运动员的客体心理旋转比较情况，太极拳男运动员客体心理旋转的平均值为10.75 ± 1.14，闭锁空间类项目男运动员的客体心理旋转能力的平均值为9.79 ± 2.93。根据方差比较发现，两者无明显差异；太极拳女运动员客体心理旋转的平均值为10.25 ± 0.71，闭锁空间类项目女运动员的客体心理旋转能力的平均值为8.80 ± 2.71，根据方差比较发现，两者无明显差异。

表2-29　不同性别太极拳运动员与闭锁空间性运动员的客体心理旋转得分（N=40）

类型	性别	均值	标准差
闭锁空间性项目	1.00	9.79	2.93
	2.00	8.80	2.71
太极拳	1.00	10.75	1.14
	2.00	10.25	0.71

注：性别1.00=男性，2.00=女性。

研究结果没有发现男性和女性太极拳运动员与其他闭锁空间性项目运动员在客体心理旋转能力上的差异，说明不同性别的练习者在太极拳和摔跤、体操等项目中能够获得相似的心理旋转能力提升。但结果显现了一种趋势，即其他闭锁空间性项目的男运动员的客体心理旋转能力有高于女运动员的趋势，虽然并不显著，但提示在摔跤、体操等项目中，男性能够通过观察他人动作获得更多的空间能力的提高。

（3）心理旋转总分

由表2-30可知不同性别太极拳运动员和闭锁空间类项目运动员的总体心理旋转比较情况。太极拳男运动员总体心理旋转的平均值为21.92 ± 1.68，闭锁空间类项目男运动员的总体旋转能力的平均值为20.04 ± 5.09，根据方差比较发现，两者无明显差异；太极拳女运动员总体心理旋转的平均值为21.63 ± 1.30，闭锁空间类项目女运动员的总体心理旋转能力的平均值为18.76 ± 4.58，根据方差比较发现，两者无明显差异。

表2-30　不同性别太极拳运动员与闭锁空间性运动员的心理旋转总分（N=40）

类型	性别	均值	标准差
闭锁空间性项目	1.00	20.04	5.09
	2.00	18.76	4.58
太极拳	1.00	21.92	1.68
	2.00	21.63	1.30

注：性别1.00=男性，2.00=女性。

从总体心理旋转能力来看，太极拳运动员与其他闭锁空间性项目运动员主体心理旋转能力没有显著差异。但是从结果可以看出，其他闭锁空间性项目的男运动员的客体心理旋转能力有高于女运动员的趋势。究其原因，可能是在摔跤、体操、健美操等项目中，男性的技术动作与女性有较大差异，可能是由于男性动作更加富含旋转的空间性特征，使得男性在这些项目的运动经验积累中提升了更多的心理旋转能力；就太极拳运动而言，较少存在男性与女性习练方式不同的情况，所以可以从结果看出不同性别的心理旋转总得分较为接近。

四、研究结论

1. 太极拳比多数运动项目更有助于提升空间认知能力

太极拳运动运动员与跑步等闭锁非空间性项目运动员相比，有更优的客体心理旋转、主体心理旋转和总体心理旋转水平；与球类项目等开放空间性项目相比，太极拳运动员具有主体心理旋转优势；太极拳运动员与闭锁空间性运动员相比，两者的心理旋转各方面能力比较相近。

2. 短期太极拳锻炼能够提升空间认知能力

与跑步类闭锁非空间性项目和篮球、足球等开放空间性项目相比，短于5年的太极拳训练已经能够更显著地提升个体的空间认知能力。

3. 太极拳练习使男性的空间认知能力提升更显著

通过与跑步类闭锁非空间性项目相比发现，男性在太极拳锻炼中获得了更显著的空间能力提升。

第六节　篮球运动员心理旋转监控的实证研究

心理旋转能力是生活或学习过程中必不可少的基础能力，良好的心理旋转能力能帮助人们完成复杂及精细的活动。篮球运动是一项对抗性强且攻防转换频繁、快速的项目，其要求运动员能根据赛场中的环境变化而瞬间做出决策，所以篮球运动员必须具备良好的心理旋转能力。在篮球竞技领域，心理旋转能力的提高是运动员提高其竞技水平的必要因素。为提高动作质量，无论是篮球教学还是篮球训练，篮球运动员都需要有较强的空间认知能力来准确了解和精确把握动作细节，以提高动作质量。篮球运动员的心理旋转能力体现在篮球场上的方方面面，以篮球运动员抢篮板为例，当篮球运动员抢篮板时，其首先要知道自己的空间位置、队友和对手的空间位置，篮球的运动轨迹和预着落轨迹，然后根据这些信息进行心理旋转的判断，判断完成后要么转身卡人要么跨步去抢位，在抢篮板卡位的过程中篮球运动员会充分体现出运动员对球场、球员、篮板、篮球等物体的大小、形状、距离、方位等要素的心理旋转过程。篮球运动员心理旋转能力是运动员竞技表现好与坏的重要因素，它需要对篮球比赛中球员自身所处空间位置和对手的空间关系进行正确知觉，还需快速、准确地加工有效的运动信息并进行决策。所以，厘清篮球运动员心理旋转优势及能力发展，对有效提高篮球运动员心理旋转能力具有重要的指导价值。

一、研究方法

（一）文献资料法

根据研究需要，本篇论文首先对郑州大学体育学院图书馆、郑州市图书馆中的各类杂志、论文、期刊以及年鉴等大量文献资料进行了收集和整理，并对国家体育总局、中国心理协会官方网站进行浏览和阅读，同时通过对中国知网、万方资源、谷歌学术、郑大体院论文库等官方学术网站的检索，搜索出近100篇相关文献，其中关于心理旋转能力的相关研究文献近60篇，关于体育心理旋转能力的文献有20篇左右，并进行了相关文献的阅读分析。

（二）专家访谈法

课题组访问了河南省球类管理中心、郑州大学体育学院的专家，探讨与论证本研究有关问题，为本研究提供理论支持与实践指导。为了保证本文的研究质量以及发放问卷的有效性和真实性，本论文对郑州大学体育学院、河南大学体育学院、河南省球类管理中心的教练进行了咨询，了解了心理旋转能力对篮球运动员的影响。

（三）实验法

1. 实验对象

根据以往研究成果对实验对象进行了分组，实验对象均是来自郑州大学体育学院的学生，年龄为18~23周岁，年龄特征为年轻。根据实验需要，按照专业性，将实验对象分成两组：非体育专业大学生和篮球运动员，分别对两组进行了总体心理旋转能力、主体心理旋转能力和客体心理旋转能力的比较分析。

2. 实验内容

测试篮球运动员和非体育专业大学生间的心理旋转差异，不同年限篮球运动员之间的心理旋转差异，不同性别篮球运动员心理旋转主体差异。采用主体表征的MBRT任务来测试主体心理旋转能力，采用客体表征的MORT任务测试客体心理旋转能力。

（四）数理统计法

在实验结束后，运用SPSS19.0软件在计算机上对于采集的数据样本进行全面、科学和准确的数据录入和分析。

二、研究结果

（一）篮球运动员与非体育专业大学生心理旋转能力对比

主要根据参与测试的篮球运动员与其他人群心理旋转能力的总体比较、主体比较和客体比较，进一步探索不同人群心理旋转能力的差异及其原因所在。

1. 不同性别篮球运动员与非体育专业大学生的总体心理旋转能力对比

通过记录两类人群在心理旋转能力测试中的得分，进而探究出篮球运动员与非体育专业大学生心理旋转能力的总体对比差异，如图2–15、图2–16所示。

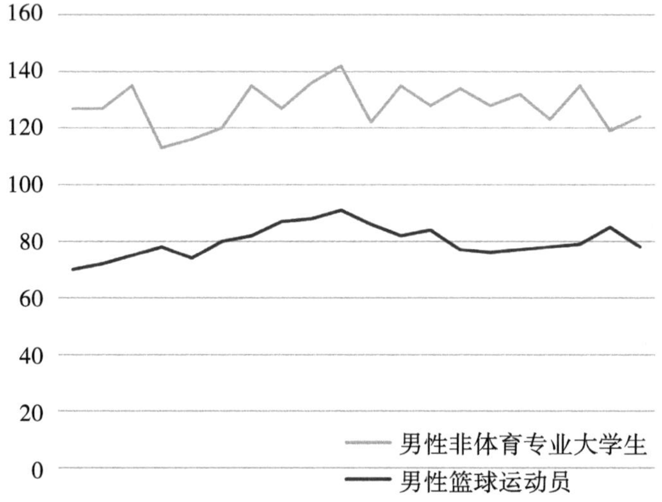

图2–15　男性篮球运动员与男性非体育专业大学生的总体心理旋转能力对比

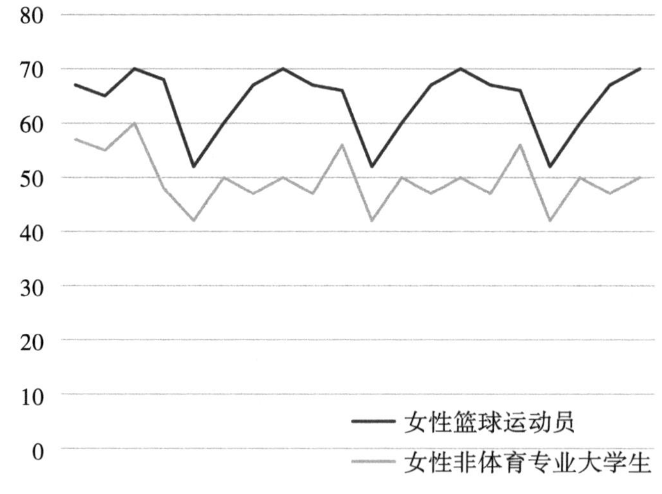

图2–16　女性篮球运动员与女性非体育专业大学生的总体心理旋转能力对比

通过对篮球运动员和非体育专业大学生进行心理旋转测试，以检验其心理旋转能力的差异。由图2–15可知，男性篮球运动员的心理旋转测试成绩在70~91这个区间，而男性非体育专业大学生的心理旋转测试成绩则在112~142这个区间。篮球运动员的数值和非体育专业运动员的数值差异非常明显。实验结果显示，篮球运动员的最终得分要远高于没有任何运动经历的普通学生。在比赛中，篮球运动员必须去感知自己身体所处的不同空间位置，才能去调整自己的状态和身体机能，并为接下来的动作做准备。篮球运动员经过长时间的锻炼，其心理旋转能力自然而然地要高于那些没有运动经历的学生，而没有运动经历的非体育专业大学生由于没有接受过这种训练，所以其心理旋转能力要远低于篮球运动员。

2. 不同性别篮球运动员与非体育专业大学生心理旋转能力主体对比

每次只呈现一幅人体图形，被试需要判断图中上篮用的是哪一侧手臂。相关数据如图2–17、图2–18所示。

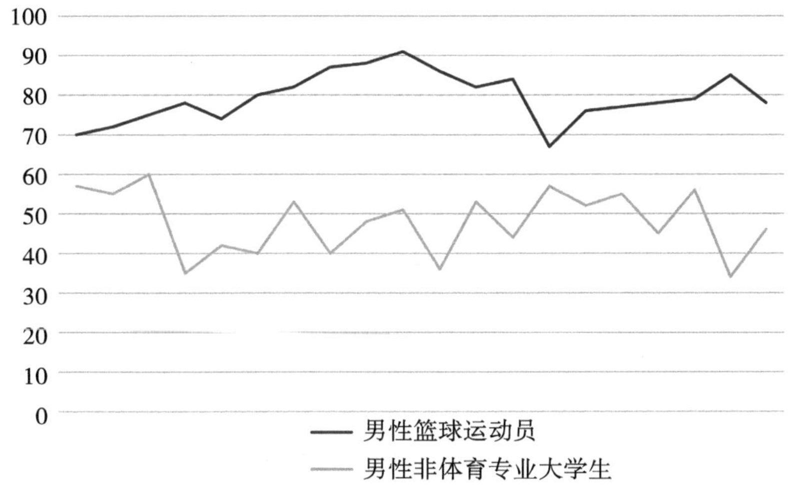

图2–17　男性篮球运动员与男性非体育专业大学生心理旋转能力主体对比

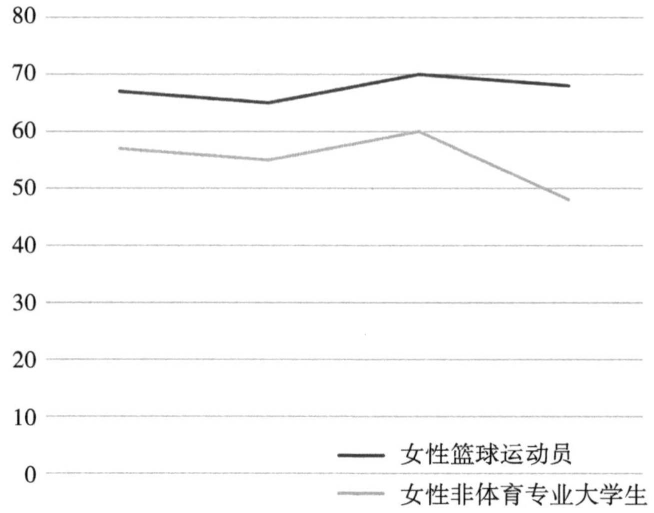

图2-18　女性篮球运动员与女性非体育专业大学生心理旋转能力主体对比

如图2-17、图2-18所示，男性篮球运动员的正确率普遍在70%~91%，而男性非体育专业大学生的正确率则仅仅在35%~60%。女性篮球运动员的正确率在60%~70%，而女性非体育专业大学生的区间在40%~60%。仅正确率区间非体育专业大学生就和篮球运动员相差很大。不仅仅是正确率，而且从数值走向来看，篮球运动员的分值走向很稳定，而非体育专业大学生的数值波动则很大，说明篮球能够促进运动员心理旋转能力的发展。篮球运动员经过篮球训练后，其心理旋转能力能得到提高。没有运动经历的非体育专业大学生由于没有接受过这种训练，所以其心理旋转能力要远低于篮球运动员。由于运动员要经常以第一人称视角想象自己在篮球运动场上进行运动的情况，久而久之，篮球运动员主体表征下的心理旋转能力就会得以提高。反观没有运动经历的大学生，由于长时间不以“我”为视角去想象自己从事的运动，其主体表征下的心理旋转能力便没有进步。随着篮球运动员运动年限的增加，没有运动经历的学生仍旧保持不变，二者的差距也在拉大。

3. 不同性别篮球运动员与非体育专业大学生心理旋转能力客体对比（图2–19、图2–20）

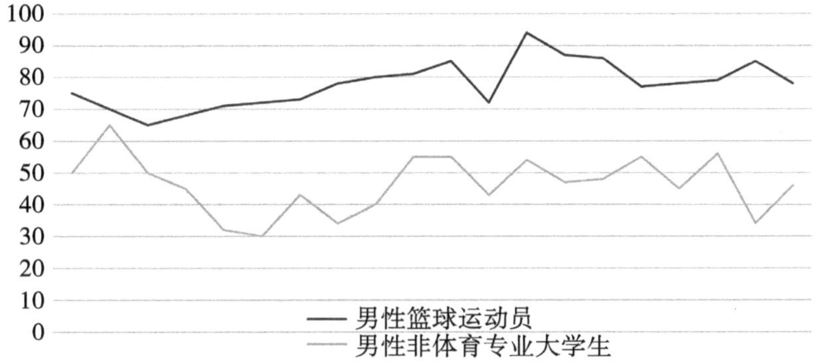

图2–19 男性篮球运动员与男性非体育专业大学生的客体心理旋转能力对比

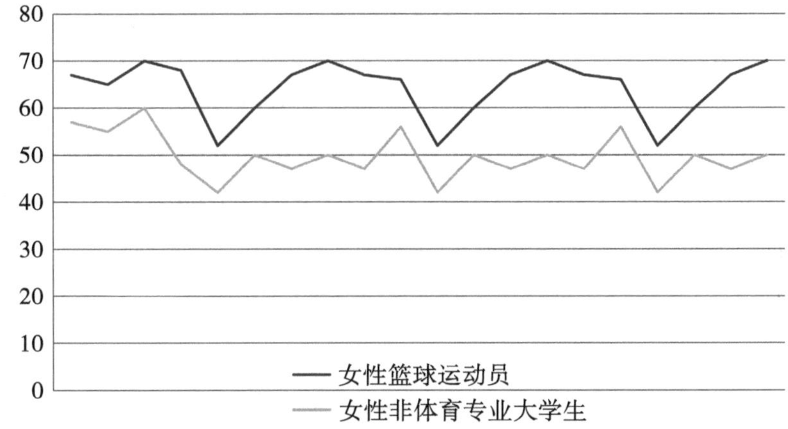

图2–20 女性篮球运动员与女性非体育专业大学生的客体心理旋转能力对比

根据图2–19、图2–20中所记录的实验数据可知，篮球运动员的测试正确率为65%~94%，而非体育专业大学生的测试正确率则在32%~65%这个区间，普通人群的最高正确率才接近篮球运动员最低的正确率，由此可知篮球运动员的心理旋转能力优于没有运动经历的人。从数值走向来看，不管是篮球运动员还是非体育专业大学生数值都有大幅度的变化，由此可知还需进一步研究在客体表征下篮球运动员的心理旋转能力。篮球运动员经过篮球训练后，其心理旋转能力可以迅速获得提高。而没有运动经历的非体育专业大学生由于没有接受过这种训练，所以其心理旋转能力要远低于篮球运动员。由于运动员要经常性地以第三人称视角（即观众角色）观察和想象其他运动员在篮球运动场上进行的运动，时间一久，篮球运动员客体表征下的心理旋转能力就能在不知不觉中得以提高，反观没有运动经历的大学生，由于长时间不以“第三方”视角去想象自己从事运动的动作，其主体表征下的心理旋转能力便没有进步。随着篮球运动员运动年限的增加，没有运动经历的学生仍旧保持不变，二者的能力差距也在不断拉大。

（二）不同运动年限篮球运动员心理旋转能力对比

1. 不同运动年限篮球运动员总体心理旋转能力对比

由如图2-21所示的数据可知，3年以下运动年限的篮球运动员的得分区间为45~81，3~5年运动年限的篮球运动员的得分在70~91，5年以上运动年限的篮球运动员的得分区间为82~91，从得分区间来看，篮球运动员的运动年限与心理旋转能力正相关，即运动年限越高，心理旋转能力越强。从数值趋势来看，3~5年的篮球运动员的测试数值处于上升趋势，其余的都有不同程度的下降。该实验数值表明，训练3~5年的篮球运动员的心理旋转能力可能处于黄金发展期。若要加强篮球运动员的心理旋转能力，就需要对深度、大小以及空间位置等进行长时间的练习，如此才能起到好的效果。

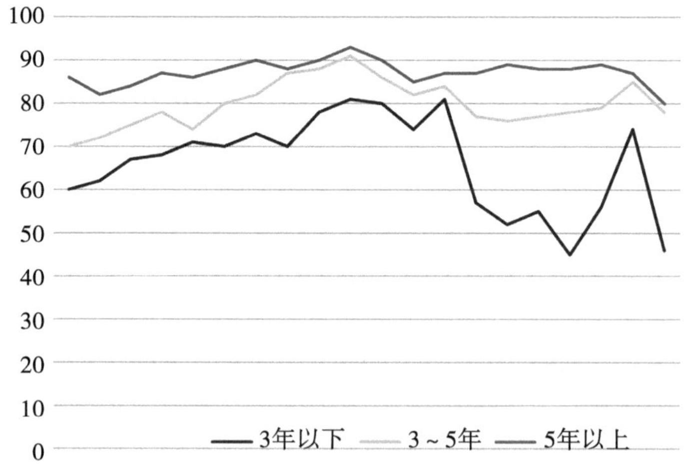

图2-21　不同运动年限篮球运动员总体心理旋转能力对比

例如，在篮球训练中，要不断地注意篮球动作细节，在掌握这一动作的基础上，形成一个自然反应和套路模式；在篮球的单项技术动作练习过程中，篮球运动员会大量地去练习一个动作，这些也为其在赛场上获得正确的且快速的心理旋转感觉打下了基础，但是这些都离不开长时间的训练。

2. 不同运动年限篮球运动员心理旋转能力主体对比

通过对主体特征下不同运动年限的篮球运动员心理旋转能力进行实验测试，笔者将相关数据如实记录在图2-22中：

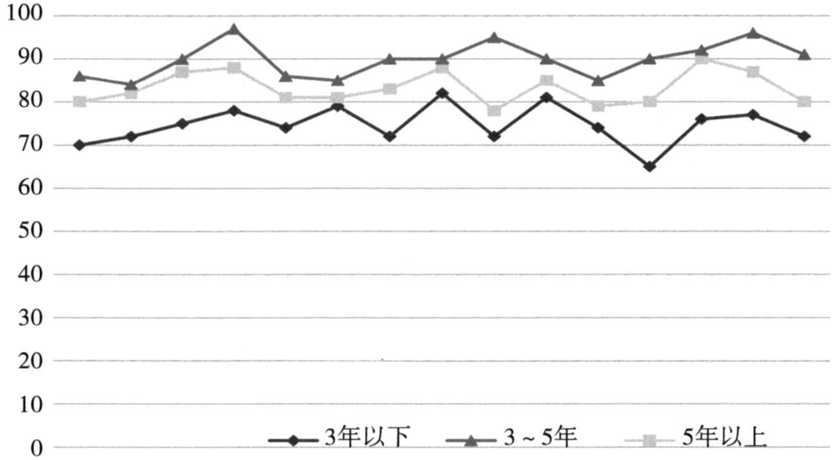

图2-22　不同运动年限篮球运动员主体心理旋转能力对比

如图2-22数据所示，3年以下运动经历的篮球运动员的实验正确率在70%~82%；3~5年运动经历的篮球运动员的实验正确率在85%~97%；5年以上运动经历的篮球运动员的实验正确率在78%~91%。通过这组实验数据可以发现一个现象：主体表征下，3~5年的运动年限的篮球运动员的心理旋转能力要强于5年以上的篮球运动员，但是总体实验数据与个人实验数据密切相关，因此此还需进一步对实验结果进行验证。篮球运动员在经历过一定时间的练习之后对篮球动作的理解上升到了一定的高度，其动作连贯性也提高了。篮球运动是一个缓慢提高的运动。

对于运动年限在3年以下的运动员而言，其较少进行主体表征下的想象打球，因此这一阶段的篮球运动员心理旋转能力普遍不高。

对于3～5年运动年限的篮球运动员来说，他们对自己的心理旋转已经有了一定的理解，可以在心理旋转中进行动作变化。他们经常把自己放到篮球场上的某个位置去想象，去想如果自己在这个位置、这个时候会怎么做。

运动年限在5年以上的篮球运动员，心理旋转能力又上升到了一定的高度。运动年限在5年以上的篮球运动员会经常去想自己在那个位置时会做哪些动作，如许多运动年限在5年以上的篮球运动员在观看完2014年湖人对阵森林狼最后关头科比绝杀失败后，会思考如果是自己会用哪些动作绝杀成功。

3. 不同运动年限篮球运动员心理旋转能力客体对比

根据图2-23实验数据所示，3年以下运动经历的篮球运动员的实验正确率在65%~91%；3~5年运动经历的篮球运动员的实验正确率在72%~93%；5年以上运动经历的篮球运动员的实验正确率在72%~94%。这组数据可以反映出客体表征下不同运动年限的篮球运动员的心理旋转能力存在着显著性的差异。对于运动年限在3年以下的运动员来说，可能不会站在别人的角度下去想自己怎么打球、进攻，数据显示这一阶段运动年限的篮球运动员其心理旋转能力普遍不高。

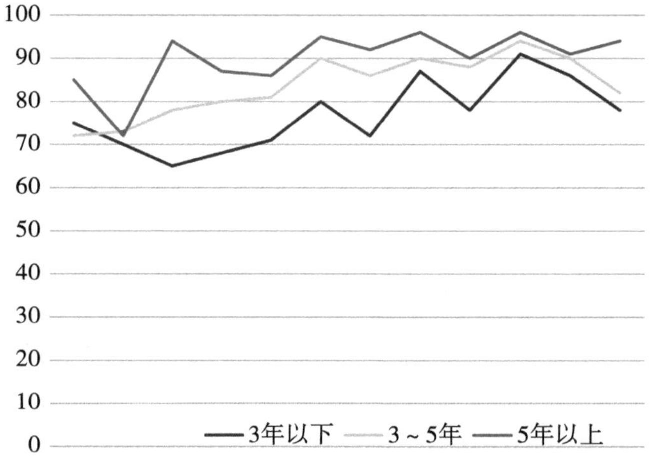

图2-23 不同运动年限篮球运动员客体心理旋转能力对比

对于3～5年这个运动年限的篮球运动员来说，随着时间的发展，其篮球思维意识较强，往往能站在别人的角度下去想自己怎么去打球、怎么去进攻和防守，但是他们只能想象一个大概的动作，其具体的动作则想象不出来。

运动年限在5年以上的篮球运动员会经常站在别人的角度下去想自己怎么做，如果是别人该怎么防守，如果是别人进攻，自己又该如何去防守。客体表征下篮球运动员的心理旋转能力也会随着运动年限的提高而得以加强。

（三）不同性别心理旋转能力对比

1. 不同性别心理旋转总体比较

空间感知能力的相关研究普遍证实男性的空间感知能力较女性的更优。如图2-24、图2-25实验数据所示，以男性篮球运动员为例，其心理旋转能力的测试分数区间在70%~91%；而女性篮球运动员的心理旋转能力的测试分数区间在34%~75%。从这两个数据可以看出，男女篮球运动员就心理旋转能力总体比较而言是有一定差距的。随着篮球运动的不断发展，越来越多的女性篮球运动员出现在了赛场上。但是可能由于天生方向感较弱，导致不认识进攻路线、跑位方向和位置的现象时有发生，而男性因为天生具有很强的方向感，知道自己的进攻路线、跑位位置和跑位方向，其心理旋转能力得到了锻炼，心理旋转优势也愈加明显。

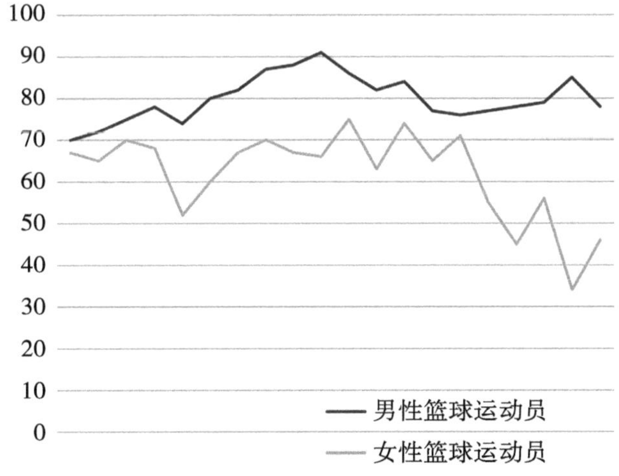

图2-24　不同性别篮球运动员总体心理旋转能力对比

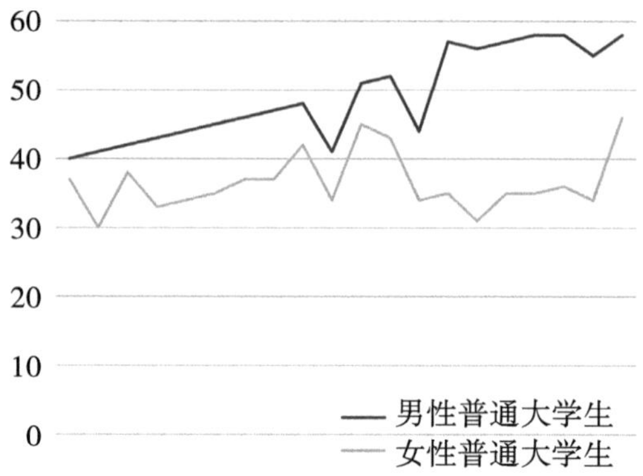

图2-25　不同性别非体育专业大学生总体心理旋转能力对比

2. 不同性别心理旋转能力主体对比

如图2-26、图2-27所示的数据显示，主体表征下不同性别间存在着心理旋转差异，以不同性别篮球运动员为例，不同篮球运动员心理旋转能力存在显著差异，男性篮球运动员的正确率在70%~94%，而女性的正确率区间则在35%~75%。虽然平均正确率差距不大，但是主体表征下不同性别篮球运动员的心理旋转能力还是存在一定的差异。从生理层面上讲，由于篮球是一个需要耗费很大体力的运动，女性在运动中可能容易产生疲劳，体力容易透支、精力容易被消耗。在体力透支、精力消耗的情况下也就很难以“我”为视角进行思考了。男性的空间能力和数学计算能力较强，而女性在语言方面就比较出色。相关研究也表明，女性的空间感觉不敏感。这些因素如果作用于篮球上面也导致了女性篮球运动员的心理旋转能力得不到有效地运用，久而久之其心理旋转能力也就无法提高。

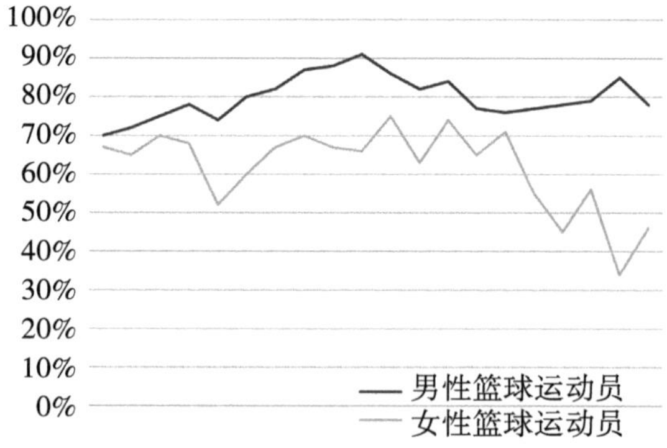

图2-26　不同性别篮球运动员主体心理旋转能力对比

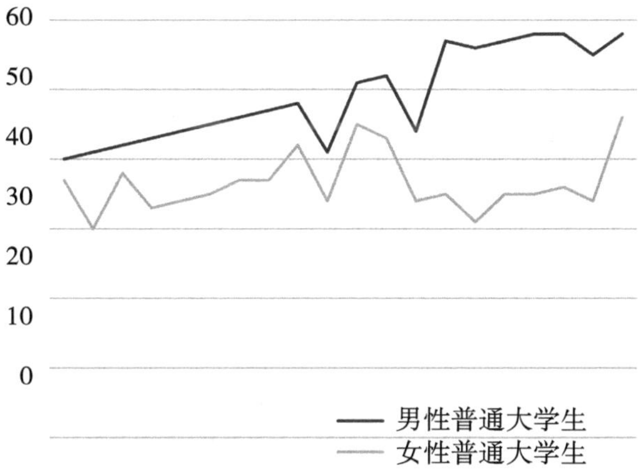

图2-27　不同性别非体育专业大学生主体心理旋转能力对比

3. 不同性别篮球运动员心理旋转能力客体对比

如图2-28、图2-29所示，客体表征下存在着性别差异，篮球运动员的心理旋转能力也存在着一定的差异。男性篮球运动员的正确率在65%~94%，而女性篮球运动员的正确率在63%~85%，在正确率的基础上，男女篮球运动员的性别差异对其心理旋转能力的影响已经显现。男性篮球运动员和女性篮球运动员的数值走向印证了其差异。前文研究发现，女性篮球运动员由于生理和智力这两个因素，导致其很难去运用第三人称视角（即以观众的角色）想象自己是如何做出篮球动作的。这一差距也造成了男性篮球运动员的心理旋转能力的优势更加明显。

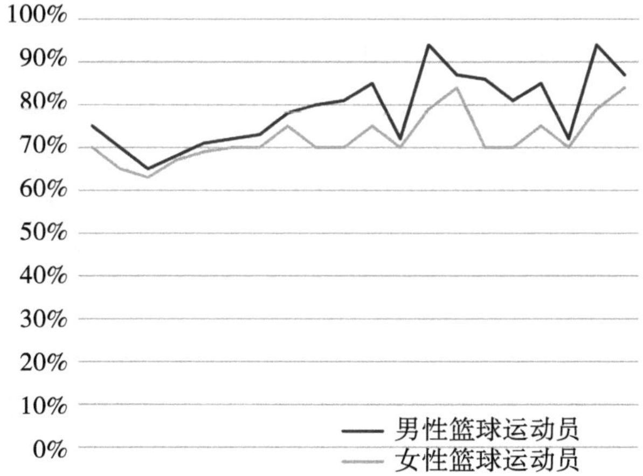

图2-28　不同性别篮球运动员心理旋转能力客体对比

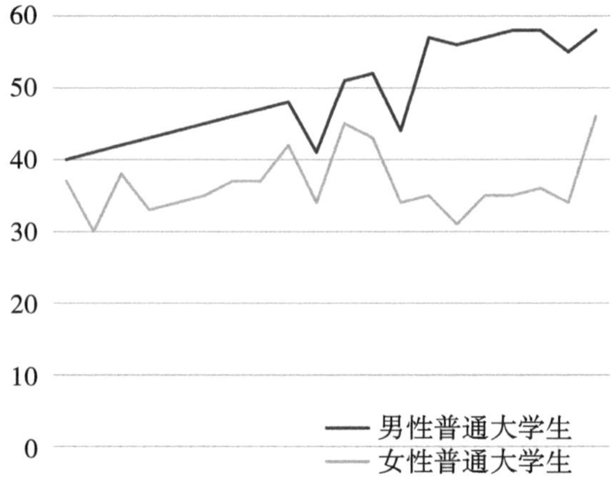

图2-29 不同性别篮球运动员心理旋转能力客体对比

三、篮球运动员心理旋转的优势特征

（一）篮球运动员水平越高，心理旋转运动能力越强

研究发现，篮球运动员的心理旋转是篮球运动员对认识对象空间特性的知觉。无论是从总体、主体表征还是客体表征方面，篮球运动员的测试分数和测试正确率都要远高于非体育专业大学生。为什么会有心理旋转差异呢？这主要是因为篮球运动员的篮球能力高于非体育专业大学生，从而使得心理旋转能力高于非体育专业大学生。由于非体育专业大学生没有接受过篮球训练，其心理旋转能力不强，而体育专业大学生因为接受过篮球训练，其篮球水平很高，所以篮球运动员的心理旋转也就越发达。这主要是因为运动员接受训练后，对一个物体的各种形状、体积、大小接触得较多，对各个方位也比没有任何篮球水平的非体育专业大学生接触得多。因此他们处理此空间信息的速度要快于没有任何篮球水平的非体育专业大学生，他们对心理旋转的判断的正确率也要高于没有任何篮球水平的非体育专业大学生。

（二）篮球运动员心理旋转能力优于非体育专业大学生

研究发现，将篮球运动员与非体育专业大学生心理旋转进行对比可以总结出篮球运动员心理旋转能力优于非体育专业大学生这一优势特征。长期的篮球训练促进篮球运动员心理旋转能力的提升，其海马旁回灰质体积会变大。对于非体育专业大学生来说，他们需要更多的精力去完成心理旋转，否则他们很难通过心理旋转完成篮球进攻。当需要使用心理旋转时，篮球运动员能够充分利用心理旋转完成篮球动作，但是非体育专业大学生由于平常没有接受过正规训练，所以其心理旋转能力就不如篮球运动员，结果表明篮球运动能够促进篮球运动员的心理旋转能力的发展。

（三）篮球运动员对空间的反应明显快于非体育专业的大学生

研究发现，篮球运动员进行心理旋转任务时的反应明显快于非体育专业大学生。因为篮球运动是点线面结合并且相互转换的多元化运动项目，篮球运动员经常做点、线、面训练，促进篮球运动员的空间感知；那些非体育专业大学生缺乏训练和空间假设，因此，他们在空间感知方面比篮球运动员要差得多。

（四）运动年限决定了篮球运动员的心理旋转能力

研究发现，不同年限篮球运动员心理旋转能力对比可知，运动年限决定了篮球运动员心理旋转能力。研究结果显示，训练年限为5年及以上组的运动员的心理旋转均高于其他两组，这就表明篮球运动需要通过长时间的训练，这样就会对建立最佳的心理旋转起到一定的作用。而研究结果中，训练年限为5年及以上组的心理旋转都要远高于其他两组，所以其趋势可以描述为：运动员的训练年限越长，所参加的比赛越多，其对比赛过程中的思考也就越多，运动员的心理旋转能力也会越来越强。在比赛中，运动员需要考虑更多的空间位置转化，长年累月的转化想象就会导致心理旋转能力的加强。

（五）运动年限越长，心理旋转能力下降周期越缓慢

研究发现，不同年限篮球运动员心理旋转能力对比可知，运动年限越长，心理旋转能力下降周期越缓慢。这主要是因为心理旋转也有其遗忘特性，一般而言，篮球运动员一段时间不训练，其心理旋转能力便会减退，其对心理旋转

也就不那么敏感了。通常心理旋转40%的空间信息会在20分钟内被遗忘，50%的空间信息会在一个小时以内被遗忘，但是随后遗忘速度会越来越慢，仅有20%的空间信息能保留到一个月以后。这种现象大多出现在运动年限短的篮球运动员身上，因为他们对心理旋转不敏感，其心理旋转下降周期迅速，但是训练年限长的篮球运动员就不会存在这种问题，他们年复一年、日复一日地去训练篮球技术和心理旋转，对心理旋转极为敏感，所以运动年限越长的篮球运动员，其心理旋转下降周期也就越缓慢。

对于运动年限较长的篮球运动员来说，他们对篮球的理解都是建立在自己牢固的心理旋转的基础上的，这是一个运动年限长的篮球运动员必备的。随着运动年限的不断加强，篮球运动员就会用心理旋转解决越来越多的篮球问题，久而久之其对心理旋转的认识也加强了，其心理旋转的下降周期也就缓慢了。

（六）心理旋转存在男强女弱的特征

研究发现，心理旋转存在男强女弱的特征，不论是不同性别运动员对比还是不同性别非体育专业大学生对比都能反映出这个特征。从不同性别从参与频率上来讲，男性篮球运动员的心理旋转优于女性篮球运动员的心理旋转的主要原因是女性篮球运动员参与篮球活动的数量和频率比男性篮球运动员小，还有就是男女性篮球运动员对篮球强度的选择不同，男性篮球运动员喜欢强度大、激烈的、对抗性强的篮球运动，女性篮球运动员则喜欢活动强度小的篮球活动，女性选择这种低强度的篮球运动主要依赖于内部感受器，而对外部感受器依赖较少；反观男性运动员更喜欢对抗激烈、强度大的篮球运动，这种强度大的、对抗激烈的篮球运动会让男性运动员更多地去运用外部感受器，这也就导致了男性篮球运动员的心理旋转要优于女性篮球运动员。

四、篮球运动员心理旋转能力发展策略

（一）系统训练非体育专业大学生，提高其心理旋转能力

对于没有从事过体育训练的普通大学生而言，心理旋转是本体运动知觉十

分重要的组成部分，它是人体动觉中枢对身体肌肉、肌健、关节变化活动特点的感知，也是个体对物体进行空间距离判断的重要指标。在篮球训练中，运动员会有意识地加强对下肢肌肉的控制能力，反复练习跑位、传球、投篮等动作的肌肉感觉，并保持髋关节、膝关节和踝关节动作的稳定性。这种长期的专业训练，能够使运动员有意识地增强肌肉活动的感知能力，训练时间越长，动作越熟练，进而能够更好地控制自身动作的心理旋转和观测对方以及球的运动空间特点。因而，长期的系统篮球训练对空间感觉发展有着积极的促进作用。篮球运动员在经过系统的训练之后，专业的技术动作已在大脑中建立起了稳固的动力定型，掌握的系列动作已经形成了完整的有机联系，各种动作都能以连锁的形式表现出来，而且动作完成质量高、上下肢动作协调、手对球的控制能力较强，视觉对球运动轨迹的追踪能力变好，力量也有所提高。

（二）加强女性心理旋转训练，提高女性篮球运动员的心理旋转能力

1. 明确心理旋转意义，树立女性篮球运动员心理旋转的自觉意识

针对女性篮球运动员心理旋转意识淡漠问题，教练要让女性篮球运动员明确拥有、提升、使用心理旋转的意义，从而自觉主动地培养心理旋转能力。树立篮球心理旋转的意识，不能仅仅停留在察觉到球的位置在哪，还要找到球的位置以后前去寻找。

2. 注重练习实践

教练应注重篮球知识与女性篮球运动员心理旋转的联系，这样女性篮球运动员心理旋转能力才会逐渐提高。在教学中，要引导女性篮球运动员经常运用现实生活中熟知的环境去想象，解决训练中有关心理旋转的实际问题。组织游戏活动，激发女性篮球运动员心理旋转的兴趣培养。游戏是女性篮球运动员最感兴趣的活动，游戏可以活跃身心、增进队员之间的友谊，可以激发兴趣，也可以让女性篮球运动员在欢快的游戏中体验心理旋转，这也符合解决心理旋转相对难点和实践性特点。组织女性篮球运动员分组游戏，发挥女性篮球运动员主体作用，由女性篮球运动员互相监督评价，共同发展心理旋转。让女性篮球

运动员学会辨别心理旋转，最简单直接有效的方式就是培养和提高女性篮球运动员的识图能力，这也是心理旋转教学的重要目标。

心理学家皮亚杰曾说：“空间观念的形成不像拍照，要想建立空间观念，必须要有动手做的过程。”动手操作画地图是女性篮球运动员动用多种感官促进知识内化于心、外化于图的过程，能有效激发女性篮球运动员兴趣，避免女性篮球运动员感到枯燥、乏味。图形语言能简捷直观地表达出空间形式，把生活中的环境形象地转化成图形图像，把篮球运用于生活，可以让女性篮球运动员体会到篮球的乐趣和实用性。在篮球教学中不要错过每一次能让女性篮球运动员亲自参与动手的机会。绘制地图中对心理旋转的感知最为强烈，形成的表象也最为深刻，这样女性篮球运动员的空间观念更易于形成和巩固。

（三）对篮球运动员进行心理旋转锻炼，助其加强空间模式和本体感觉

空间认知过程，是一个比较复杂的过程，它涉及视觉、触觉、运动觉、表象、记忆、思维等多层次、多类型的认识活动，在这种复杂的联合活动中，心理旋转起着非常重要的作用。心理旋转不是先天存在的，而是后天经过学习获得的。不过这种学习的过程是在早年进行的，不为人所察觉与记忆，但是科学实验已经重复了这一过程，确认了这一过程的存在。

从生理机制探讨，一个人的心理旋转系统随年龄增长是一种自然增长，从生物运动角度分析，人所完成的动作都是受心智能支配和统帅的，这一运动过程大体可分为四个阶段，即外部环境信息传到神经中枢，中枢神经经过分析后，把指令传到效应器（肌肉），肌肉收缩而带动骨骼运动以及运动结果再反馈。心理旋转是一种内部感觉，它具有不明确的、模糊的、暗淡的感觉的特点，但是由于受到运动强度这一刺激的作用，机体的心理旋转的稳定性和准确性得到了提高。

（四）对低水平篮球运动员要注意培养其空间思维，提升其心理旋转能力

心理旋转是人们生活学习的基本能力，更是人们进行艺术、科学、篮球及文学活动的不可或缺的能力。有研究表明，心理旋转差的人，篮球也学不好。而

心理旋转好，篮球逻辑思维能力就更强，因此要重视空间想象能力的培养。空间思维是指对空间进行理解和掌握的能力，我们应该以扎实正确的空间观念作为基础，发展心理旋转，以良好的心理旋转促进女性篮球运动员篮球能力的发展。

培养篮球运动员的心理旋转，是教练员、篮球运动员和队友共同完成的，而教练则是其中坚力量，要科学地抓好各个教学环节，切实、有效地培养篮球运动员的空间能力。

第七节　运动员心理旋转能力的发展

一、心理旋转研究的生态性

针对运动员运动实践心理旋转的研究，要求具备运动情境的生态性。例如，情绪状态会影响运动者的竞技水平，那么情绪状态是否会影响心理旋转能力？研究发现，情绪启动状态会对女性运动参与者的心理旋转能力造成影响。研究者先让运动员与非运动员将与运动相关的积极词语（“金牌”“胜利”等）或消极词语（“惩罚”“犯规”等）填入句子，再进行心理旋转测试，结果显示消极词语的启动降低了运动员的心理旋转成绩（Ryan等，2015）。一项事件相关电位研究也证实，积极情绪词语有助于提高运动员心理旋转的加工速度（王积福等，2015）。这一结果提示我们，在训练活动中帮助运动员保持积极情绪对空间能力表现有促进作用。此外，不同运动项目的技术环节都具有一定的时间限制，足球运动员需要在对手靠近前决定是带球转身还是传球，跳水运动员需要在入水前调整好姿势等。有研究者指出，被试在时间压力下需要迅速完成反应时和正确率的权衡，可能表现出不同策略心理旋转成绩的影响（Voyer，2011）。传统心理旋转任务不限制作答时间，因此考察个体在时间压力下的心理旋转成绩可能会提供新的佐证。

二、心理旋转的干预研究

当前多见于横断性研究（Cross-sectional Research），但这类研究存在一定的局限性。这一方法不仅难以阐释实验结果是来自运动训练还是个体本身能力差异，也不能有效排除混杂变量的影响（如某一项目的专家运动员也会积极参与其他项目）。与其相对，随机对照实验（Randomized Controlled Trial）能够较为准确地揭示体育活动与心理旋转之间的因果关系。莫洛运用随机对照试验分别考察了有氧运动、工作记忆和具有认知需求的体育活动对心理旋转能力的影响。结果显示，除有氧运动干预对心理旋转能力没有影响外，工作记忆和有认知需求的体育活动都能够显著提高被试的心理旋转能力，并且后者的作用更加显著（Moreau等，2015）。据此，研究者认为将认知训练与运动训练相结合的干预方式比单独的认知训练或运动训练的积极效益更显著。此外，心理旋转能力干预训练的保持效应（Maintenance Effects）也值得探讨。有研究运用抽象图形旋转的方式训练个体心理旋转能力，发现两周训练后提升的心理旋转能力可保持1个月（Meneghetti等，2015）。与此相对，虽然当前研究证实短期运动训练能够提升心理旋转能力，但研究却疏于考察这一效果的保持效应。综上，未来运动领域关于心理旋转的干预研究可更多地采取与运动规律相符的刺激材料，将之与运动项目技术特点结合，开发出有益于认知能力和运动能力的综合干预手段，并考察高水平运动者是否可能具有更稳定、更长久的心理旋转能力提升效应。

三、心理旋转的神经生理学证据

近年来，一些研究运用事件相关电位（ERP）或功能性核磁共振（fMRI）等神经生理技术挖掘运动员心理旋转的神经机制。研究发现，被试完成心理旋转任务时可以在顶叶区观测到的P300成分，其波幅与图形的旋转角度负相关。与非运动员相比，运动员在进行心理旋转的P300潜伏期短、波幅大（宋薇，2008）。然而，当前还存在一些亟待阐明的问题，主要包括：首先，研究表明男性和女性在心理旋转任务中的脑激活模式不同（Jordan等，2002），前文所述不同性别的专家运动员心理旋转能力的差异可能减小或消失，那么不同性别运动员是否会表现出相似的脑激活模式，目前尚不清晰。其次，以往研究认为右脑半球是空间信息加工的优势半球（Cohen，1975），而近期研究发现这一现象受个体空间能力影响，高空间能力个体是右侧半球视野，而低空间能力个体的优势半球视野是左侧半球视野（Voyer，Bryden，1990）。还有研究表明，经过练习后心理旋转的右脑半球优势会消失甚至发生反转（Hannay等，1981）。那么，在运动员群体中，不同运动水平个体的优势半球是否存在差异，以及心理旋转能力的右脑半球优势现象是否会随着运动训练而消失，需要更多研究进行解答。

四、心理旋转研究的局限

（1）就实验理论而言，心理旋转的加工阶段理论是研究的关键点，在心理旋转的各加工阶段具有时间先后次序的观点（Corballis，1988；Heil，Rolke，2002）支持下，研究中行为绩效中的各阶段指标与不同时程的ERP成分之间的关系得以建立。然而，与依次加工的观点相左，有研究者认为心理旋转中个体对图片的感知操作和旋转加工是同时进行的（Kosslyn等，1995），因此我们或许不能将感知和旋转看作独立的加工阶段，而应当更加关注不同阶段之间的连续互动过程。此外，莱特等对不同加工阶段考察指标的设置过于依赖反应时数据而与正确率无关，使得正确率优势的出现无法从阶段指标中得到解释，因此日后研究者需要综合反应时和正确率指标来共同评价心理旋转的阶段特征（P. Jansen等，2012；Just，Carpenter，1985；Wright等，2008）。

（2）就实验刺激而言，首先，从埃南（Heinen）等的观点出发，研究采用专项动作作为任务刺激图像，以保证任务刺激的身体特征与运动员自身经验的一致性（Lange等，2006；Jansen，Lehmann，2013），而这种一致性被认为会影响运动员的任务绩效（Heinen，2013）。然而，专项性刺激的使用也可能导致运动员和非运动员对图像的熟悉度不同进而影响任务绩效。实验任务刺激的内容不仅是运动员心理旋转的空间具身的研究热点，也是运动员认知能力的专家优势中经常困扰研究者的问题之一。在本研究中所使用的虽然是跳水转体动作，但它与前人研究中经常使用的直立人体弯曲一侧手臂的动作相似，只是将弯曲的手臂放置于头部上方，且被试需要进行的是与以往研究相同的左右侧判断，从而减轻了任务刺激的熟悉度带来的影响。其次，研究对刺激图像的旋转特征考察不够全面。研究只使用了人体前后轴作为任务刺激的旋转轴，但是在实际运动情境中，跳水运动员执行动作时也会依赖人体上下纵轴和左右横轴进行旋转，由于对这两个旋转轴考察的缺失使得实验结果不能完全反映出旋转经验的作用。此外，性别差异是心理旋转研究的热点，本实验只采用了女性图像作为实验刺激，可能会影响不同性别的被试的反应速度和准确率，难以为跳水运动员心理旋转能力的性别差异提供有效证据。

（3）就实验被试而言，由于行为实验的被试运动员来自上海跳水队，大多是正在冬训的青少年运动员。当即将开始脑电实验时，上海队的训练地点转移，无法满足开展脑电实验的条件，被迫联系了北京跳水队，时值全运会前集训，队内运动员多为成年运动员，使得行为实验和脑电实验的被试存在年龄差异，导致前期行为学的结果未能在脑电实验的行为部分中得到验证。

（4）就实验分组而言，如果要考察身体旋转经验对心理旋转的影响，除了设置旋转经验的专家组和没有运动经验的非运动员组外，应当添加有运动经验、但旋转经验较少的非空间项目对照组（如径赛类项目），研究未能设置相关分组，因此无法得知非旋转的运动经验对心理旋转的影响。

（5）就实验内容而言，未能将研究结果落实于运动实践。现有理论强调了心理旋转与表象旋转的一致性。尽管跳水运动员整体存在心理旋转优势，但就个人而言，心理旋转能力较弱的运动员个体能否通过相关的MBRT训练提高对旋转动作的感知和执行水平，进而提升转体动作的质量，需要进一步开展干预实验进行考察。

第三章　运动员心理状态

第一节　运动员倦怠的概念

在运动领域，倦怠研究始于卡塞（Caccese）和迈尔贝格（Mayerberg）对教练员倦怠现象的调查，但当时仍沿用工作倦怠的概念和结构，并未发展出更适合运动领域的倦怠理论（TM，K，1984）。而后，雷德克为揭示运动员倦怠的本质，通过对游泳运动员的研究，提出运动员倦怠是指一种包括情绪或体力耗竭（physical/psychological exhaustion）、成就感降低（reduced sense of accomplishment）和运动负评价（devaluation of sport）三种特征的综合征（Raedeke，1997）。其中，情绪或体力耗竭是指大强度训练和比赛引起运动员身体能量和情感资源的过度消耗；成就感降低是指运动员经常感到技术水平没有提高甚至有所降低，认为自己无法实现个人目标，难以达成自己的预期；运动负评价是指运动员对竞技表现和运动本身失去兴趣、漠不关心，甚至出现抵触情绪。其中，研究者用运动负评价替换了先前倦怠概念中的去人性化维度，雷德克解释说，去人性化所指的消极态度和行为是服务者对他人的表现，而运动负评价则是运动员对项目本身以及运动成就的负性观点。此外，由于运动员职业的特殊性，运动员倦怠概念增加了体力耗竭的内容。

在运动心理学领域，与倦怠相近的概念包括过度训练（overtraining）和慢性疲劳（staleness）。在国外研究中，倦怠、过度训练以及慢性疲劳3个概念由于存在一定重叠而经常被混用，然而其间存在差异（Goodger K，2007）。过度训练是指运动员长时间从事超过机体承受限度的大负荷训练，同时又得不到足够恢复而导致的一种包括身体疲劳、心理疲劳、健康水平下降、运动创伤、运动能力下降等表现的综合症状群，而运动员倦怠只是考察过度训练现象诸多症状中的一个方面（张力为等，2006）。外国学者将短期过度训练也称训练过度（over-training），而将伴有严重的体力和心理症状的长期过度训练称为“过度训练综合征”（over-training syndrome），也称为慢性疲劳（staleness）（王安利等，1999）。

此外，对于“Burnout”一词，国内有学者将其译为“心理疲劳”或“心理耗竭”。首先，张力为认为，在竞技运动领域，运动性心理疲劳是运动员在应对内源性压力和外源性压力时，心理资源及生理资源被不断消耗，而没有得到及时补充时所出现的心理机能下降的现象，具体表现在情绪维度、认知维度、动力维度、行为维度和生理维度的改变上。刘方琳（刘方琳，2005）对退役不久的运动员进行半结构化访谈，对心理疲劳概念进行了补充，认为心理疲劳是长期伴随运动员、由多种因素决定、渐进发展的可预测现象，它在不同阶段呈现不同特点。其次，心理耗竭是指运动员或锻炼者在运动中因长期无法克服的运动应激而产生的一种耗竭性心理生理反应，它不仅损害心理健康，而且能直接导致运动员退出训练。通过辨析发现，心理疲劳和心理耗竭都含有情绪和心境方面的障碍，都会伴有淡漠、焦虑、抑郁、烦躁、失眠、活动动机下降，但心理耗竭比心理疲劳表现出更严重的情绪和心境方面的障碍，如自尊心下降、缺乏同情心、价值观和信念改变等。

对于运动员倦怠、心理耗竭和心理疲劳的概念，张力为曾进行过比较，认为倦怠包含的意义有限，且仅仅突出“乏”，而心理耗竭过于强调结果，因此心理疲劳较为合适，既能够与生理疲劳对应，又能突出“疲劳—适应—再疲劳—再适应”的发展过程。本研究选用倦怠一词是基于以下考虑：倦怠研究始于组织行为学范畴，这种译法已被研究者广泛接受，而运动员倦怠这一运动心理学主题，能够较好地体现学科融合及发展，因此笔者认为用运动员倦怠一词较为合适。需要说明的是，本研究中的运动员倦怠与运动性心理疲劳均代指同一种心理症状。

第二节　运动员倦怠的理论模型

一、压力的视角

运动员在训练、比赛及生活中，不可避免会感受到来自自身和环境的压力，研究者认为，当运动员长期处于压力环境下，且没有得到有效缓解时，将会产生倦怠。因此，史密斯（Smith）和西尔瓦（Silva）从压力的角度，分别构建了认知—情感压力模型（cognitive-affective model）和消极—训练压力反应模型（negative-training pressure mode）（Silva，1990；Smith，1986）。

史密斯的认知—情感模型认为，运动员倦怠的产生过程分为环境需要、认知评估、生理和心理反应以及行为反应四个阶段，其中认知评估直接影响情感体验，进而促进压力产生倦怠。在环境需要阶段，运动员可能感受到来自外界过高的期望、各方要求的冲突，或是得不到有效的支持以及自己的控制感不足，而环境需要会促使运动员对需要、资源、结果和意义进行认知评估，在这种情况下，运动员很可能认为压力过大、缺乏成就感以及控制感，进而出现一系列的消极生理反应，如紧张、焦虑、失眠等，这些生理反应不仅会使运动员对先前的认知评估进行反馈，还会引起一系列消极的应对行为，如成绩下滑、退缩等，表现出倦怠现象。与此同时，史密斯认为该模型是一个动态循环过程，运动员的行为反应会进一步地影响接下来的环境需要和认知评估。需要注意的是，人格和动机因素在整个倦怠产生的过程中起到重要的调节作用，不同人格和动机因素的运动员会得出不同的认知评价结果，如乐观的个体常将压力情境视为挑战，较不容易产生消极情绪和行为。（图2-30）

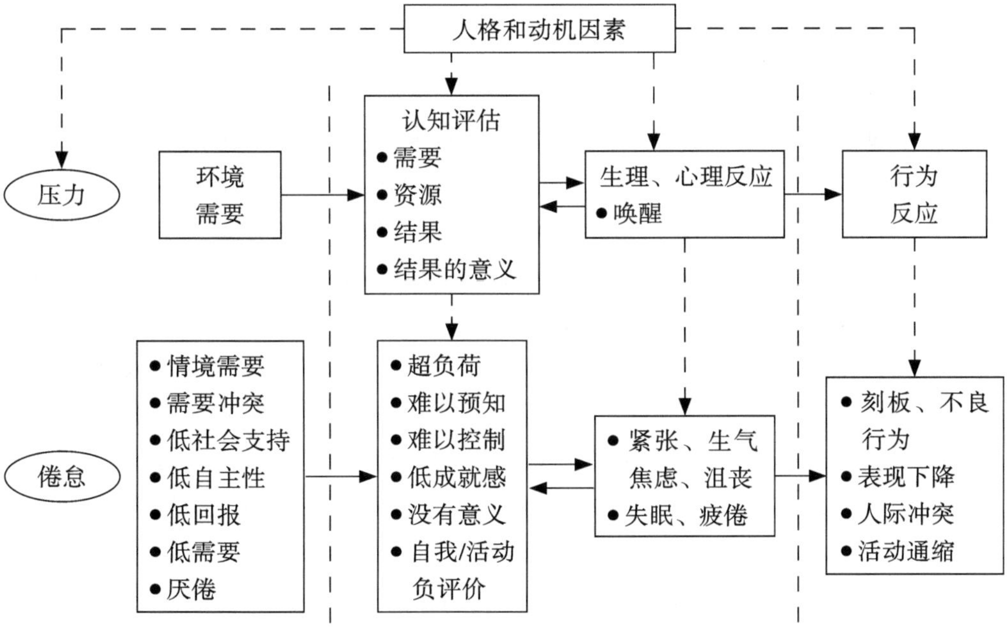

图2-30　运动员倦怠的认知—情感模型

从压力视角出发，西尔瓦提出了消极—训练应激反应模型。该模型认为，训练负荷会给运动员带来心理压力，如果运动员不能积极适应这种压力，就容易出现倦怠。具体而言，运动员面对压力，会产生消极的心理和生理反应，如果适应不良，可能出现成绩的平台期，成绩的停滞与训练负荷的共同作用会增加运动员疲劳表现，不断积累会产生过度训练症状，出现倦怠甚至退出运动项目。

近年来，有研究者在西尔瓦的基础上提出，倦怠不仅是运动员对训练活动的适应不良，而且是恢复不足而导致的结果状态，进而发展了运动员倦怠理论，如从生理心理学视角提出的应激—恢复模型，不良适应模型以及总质量恢复模型。总体而言，这些模型强调倦怠是运动员长期处于压力情境下得不到足够恢复的结果，而不良适应模型同时还认为这种压力不仅来自训练，也来自比赛、环境以及管理方面。

运动员倦怠研究的早期，研究者普遍采用压力视角开展相关研究。这一观点提示教练员、运动员以及管理者，应当关注运动员自身的压力感受，并采取有效方式帮助其缓解压力。然而，运动员倦怠是一种社会现象而非个体应对竞争或训练压力的简单反应，并不是有压力的运动员都会产生倦怠症状，因此呼唤更多的研究从不同的视角去解释运动员倦怠。

二、控制的视角

区别于压力视角下的运动员倦怠观点，有研究者认为仅仅教授运动员缓解压力远不足以解决倦怠问题，因而更加强调社会环境的作用（Coakley，1992）。通过对年轻运动员的访谈发现，运动员倦怠问题深植于高水平竞技运动的社会环境中，与运动员的认同感和控制感密切相关。单维同一性发展和外在控制模型（unidimensional identity development and external control model）认为，运动员倦怠的主要原因是运动员长期参与运动训练所导致的个人认同的单一性发展，以及运动员自我控制感缺失。如图2-31所示，随着年龄的增长，运动员通过接触新鲜事物拓宽眼界、适应不同角色，发展出较为完整、丰富、多方面的个人认同（如图2-31A）。然而，如果运动员没有充足的机会和时间学习知识、接触社会，只是单一、重复地从事训练活动，可能会使得个人认同的发展受限，进而导致倦怠的出现（如图2-31B）。这一理论模型提示研究者以及教练员，运动员倦怠是一个社会性的议题而非个人问题，缓解运动员倦怠应当着力改变运动员所处的组织环境，建立开放、交流、多样的训练和生活环境。

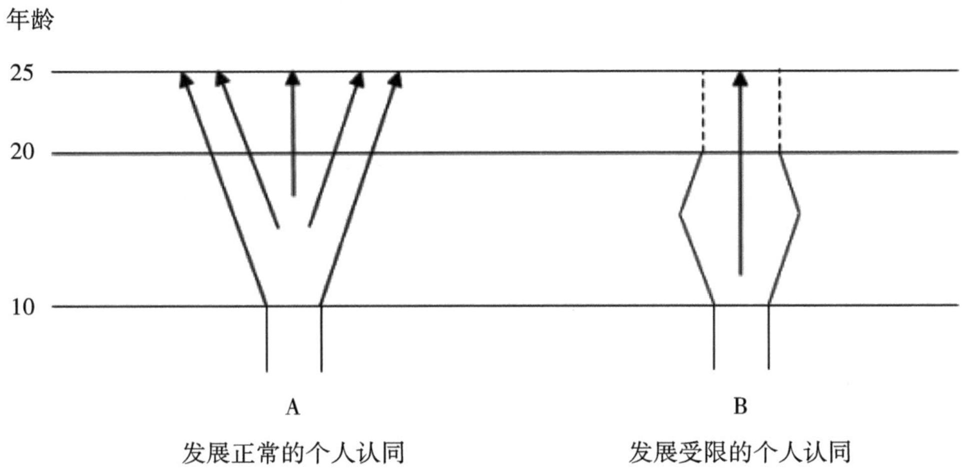

图2-31　单维同一性发展和外在控制模型

国内研究者也针对控制感和运动员倦怠的关系进行研究。毕晓婷（2013）认为，运动员的自控感是影响运动员倦怠的最重要因素。运动员倦怠在不同的训练周期呈现出阶段性特征，而训练周期和倦怠的调节措施同时以运动员的“控制感”为中介对倦怠产生影响，导致了运动员倦怠的动态变化。因此，对倦怠的干预可以从帮助运动员提高控制感入手。

三、承诺的视角

运动承诺（sport commitment）最初由斯次伦（Scanlan）等人提出，指希望继续运动参与的一种心理状态（Scanlan，1993）。据此，施密特（Schmidt）和斯坦（Stein）提出运动承诺模型（commitment model）来预测和解释运动员的愉悦感、倦怠和离队（dropout）现象（表2-31）（Schmidt，1991）。当运动员感知到自己的回报与付出成正比时，运动满意度较高，会投入更多的资源参与其中，并且不会考虑其他选择，此时运动员表现出高度愉悦感；当运动员认为回报与付出相差甚远时，满意度随之下降，此时如果没有其他的替换选择能够改变这一境况，运动员只能更加努力付出，投入更多资源，当努力依然得不到相应回报时，就容易出现“套牢感”，进而产生倦怠。但是，如果此时有更好的替代选择，运动员可能会放弃继续投入，选择离队。承诺模型指明，运动员倦怠的产生条件是付出与回报的不成正比且无法改变这种情况。而后，雷德克在游泳运动员中对这一理论模型进行了验证。

表2–31　运动承诺模型

	承诺—愉悦感	承诺—倦怠	离队
回报	高	低	低
付出	低	高	高
满意度	高	低	低
替换选择	低	低	高
投入资源	高	高	低

四、动机的视角

有研究发现，运动员倦怠的产生与其缺少运动参与动机密切相关，这种观点为运动员倦怠议题的解释提供了更多可能。作为动机研究的重要内容，自我决定理论（self–determination theory）认为，人类行为是基于人类具有先天的心理需要，这三种基本需要是自主、胜任及关系的需要。这些需要与动机联系密切，需要得到满足会激发内部动机，需要得不到满足将会导致无动机以及不健康的状态。不同的动机行为是由不同程度的自我决定的，内部动机被认为是最大程度的自我决定的，无动机被认为是最小程度的自我决定的，而外部动机介于二者之间。因此，自我决定理论可以提供解释运动员倦怠的理论框架。

首先，有研究发现，基本需要得不到满足时就会产生运动员倦怠。研究还指出，自主支持与基本需要密切相关，基本需要是自主支持与倦怠之间的中介变量，如果能够提供长期自主支持的训练环境就可以满足运动员的基本需要，进而避免运动员倦怠的产生（图2–32）（Quested，Duda，2011）。

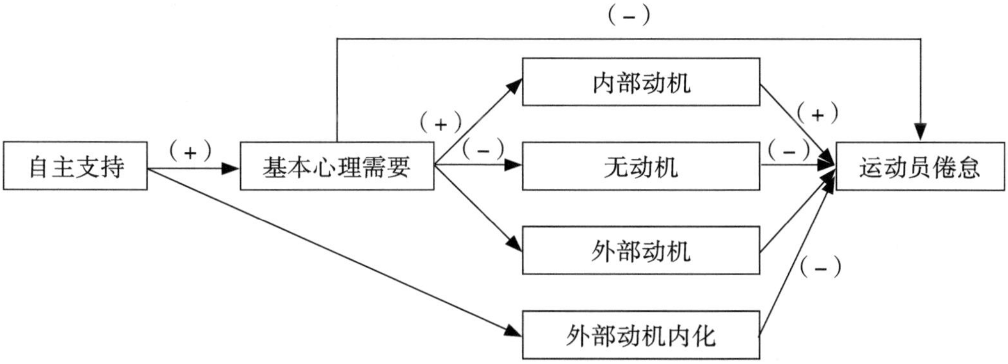

图2-32　动机与运动员倦怠的关系

其次，研究者解释了不同程度自我决定的动机与运动员倦怠之间的关系。研究者（Goodger K，2007）对运动领域27篇运动员倦怠的文献进行梳理发现，无动机与运动员倦怠呈显著正相关，内部动机与运动员倦怠呈显著负相关，这一结论也在我国被试中得到验证（张连成等，2010）。此外，研究者（王希等，2014）就外部动机内化对运动员倦怠的影响进行研究，发现外部动机的内化水平与倦怠存在显著负相关关系，而运动员的自主支持可促使外部动机内化，对倦怠发挥预防作用。不论是内部动机或外部动机，都能够对运动员的自我损耗过程进行补偿，从而减缓倦怠的发生。此外，自我决定动机在基本心理需要与运动员倦怠关系中起到中介作用。可见，自我决定的动机可以有效解释运动员的倦怠，即基本需要得不到满足，将会导致运动员的自我决定动机受到影响，进而使其产生倦怠。

五、整合的视角

虽然不同研究者从压力、控制、承诺以及动机的角度提出了运动员倦怠的理论模型，但是由于研究范式的单一性，以上模型均存在一定局限。研究者（Smith，1986）较系统地阐述了运动员倦怠形成的机制，这一理论也得到许多研究者的引用，但目前用实证的方法去全面验证这一理论的研究并不多；研究者从社会学的视角，强调社会因素在运动员倦怠形成中的作用，但这一理论又缺乏系统的理论阐述（Coakley，1992）。因此，为完善前人理论，古斯塔松（Gustafsson）提出运动员倦怠整合模型（图2-33）。其中包括运动员倦怠的前因、早期症状、主要维度以及适应不良可能导致的结果，同时引入了外部的限制因素和内部的人格、应对及感受到的环境因素等，内部因素能够较全面地解释哪些内部人格特质、应对方式以及环境因素会促使运动员倦怠的出现，外部限制因素能够阐明为什么一些运动员出现倦怠后，仍选择继续参与运动（Gustafsson，2011）。该模型通过对倦怠理论的全面阐释，为后续研究提供了更丰富的切入点。

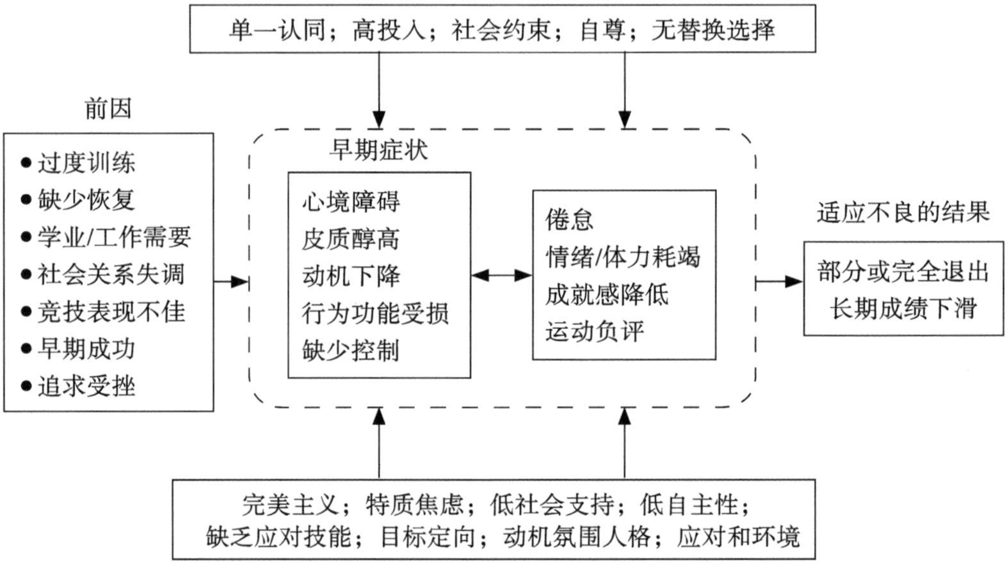

图2-33　运动员倦怠的整合模型

对于运动员倦怠的理论模型，我国学者也提出了一些思考。研究者认为要注重考察西方已有运动员倦怠模型在我国的适用性及比较不同理论，同时，还需要结合我国竞技体育文化，建立本土化的运动员倦怠模型，进而为运动员倦怠的界定、测量、预测以及干预等提供科学理论指导（张连成等，2010）。

第三节　运动员倦怠的测量

起初，运动心理学研究者使用传统的工作倦怠量表来测量运动员倦怠情况，具有代表性的是三维度工作倦怠量表（Maslach Burnout Inventory，简称

MBI）（Maslach，Jackson，1984），该量表从情绪体验、去人格倾向以及成就感三个方面来考察倦怠。而后研究者们发现，运动员所处的环境与一般工作者有很大不同，其倦怠产生的原因也存在差异，因此，伊迪斯（Eades）等人参照工作倦怠量表，编制了运动员倦怠问卷（Eades Athletes Burnout Inventory，简称EABI），此量表包括运动员消极自我概念、情感与体验耗竭、教练与队友的贬损、运动员感知与教练期望、成就感以及心理回避共6个维度。后续研究表明，运动员感知与教练期望维度与成就感维度的信度与效度并不高，而其余4个维度皆有较好的信度与效度。量表采用6级评分，0代表“从不”，6代表“总是”，个体在量表维度上得分越高，表明在相应维度上的倦怠水平越高。

雷德克和史密斯认为，运动员的倦怠主要包括情感与体力的过度耗竭、运动成就感降低以及对运动项目的消极评价，基于此，他们以236名游泳运动员为被试，编制了运动员倦怠问卷（Athletic Burnout Questionnaire，简称ABQ），此问卷包括3个项目，即情感或体力耗竭、运动负评价以及成就感降低。另外，问卷在编制过程中也调查了田径、篮球、足球、排球等项目的运动员，结果表明该问卷有较好的项目适用性。有研究者就运动员倦怠问卷的效度进行分析，证实该问卷具有较好的聚合效度和区分效度，且该问卷的构想效度较好，认为ABQ可以用来测量运动员倦怠。

而后，我国学者陈作松对ABQ进行了测试，结果表明ABQ运用于我国运动员时，其结构效度不太理想，成就感降低分量表的内部一致性信度差，造成这一结果的原因可能在于受到文化价值等方面差异的影响（陈作松，2007）。而后对问卷进行修订，修订后的ABQ由13个条目构成，具有良好的测量学特性，是一份从应激和运动承诺的视角对运动员倦怠进行解释的问卷。

然而，自陈式的心理测量工具存在一些应用效度上的不足，参与者可能对自身的心理状况认识不足，或受到社会赞许效应的影响，加之问卷的评价标准莫衷一是，使得诊断缺乏客观性和可信性。据此，有研究者尝试通过编制内隐联想测验IAT进行运动员倦怠测量，研究发现该测验具有较好的信度，但仅能够预测部分校标，能在一定程度上反映运动员的消极心理状态，却不能替代现有的外显测验。陈作松认为，未来的研究应加强心理指标、生理指标和行为指标相结合的方法对运动员倦怠进行测量。

第四节　运动员倦怠的研究进展

一、运动员倦怠的成因

运动员倦怠的预测变量大体可分为人口统计学因素、情境因素和心理因素3类。

人口统计学因素主要包括性别、年龄、项目类型、运动水平等，起初研究者并未发现它们与运动员倦怠之间的相关性。如研究者（Goodger K，2007）梳理了2005年以前发表的关于运动员倦怠的研究文献，发现年龄、项目类型、运动等级等与运动员倦怠没有相关性。近年来，越来越多的研究证实了人口统计学变量与运动员倦怠的相关作用的存在。

首先，就性别而言，女性的情感表达趋于外向，而男性则更为内敛，在压力下擅于自控，因而不容易倦怠。这一观点在职业运动员和大学生运动员群体中得到证实。然而本土研究发现，女性仅在情绪或身体耗竭维度与男性存在显著性差异，即女性高于男性（陈作松，2011）。其次，从年龄来看，杨（Yang）等人（2013）在对高中体育特长生的研究中发现，不同年级学生的倦怠水平也存在显著差异。再次，对于不同运动项目类型，国外研究发现，团体项目运动员较之个人项目运动员更容易产生倦怠，原因是团体项目的运动员感受到的压力更高（Nafian，2014）。陈作松（2011）研究发现，从事个人项目与集体项目的运动员倦怠水平无差异，而开放式运动项目与闭锁式运动项目的运动员在倦怠水平上均存在显著性差异，可能由于开放性项目的运动员获得的外部信息更多，更容易出现神经疲劳，进而引发倦怠，以上结果提示我们从不同项目分类方式进行考察。最后，就运动等级和运动年限而言，我国运动员的成就感降低维度在运动等级方面存在显著差异，从事运动5年以下的运动员成就感降低最明显，从事运动9年以上的运动员运动贬低最强烈。综上，女性、开放式项目的运动员应是运动员倦怠考察的重点对象。

以获得最佳竞技成绩为导向的运动员，不可避免地处在一种竞争性的压力情境下，在这种情境下运动员感知到的压力是其倦怠水平的重要预测因子

（Gould，1996）。运动心理学家进一步探讨了导致运动员产生压力和倦怠的具体情境因素，主要包括来自训练活动本身和组织的因素。来自训练活动的因素包括运动成绩、过度训练、训练生活单一、训练环境单调、比赛压力、竞技体制、运动伤病等（Price，Weiss，2000；Francisco，2014；Bouazizi，2014）。来自组织的因素包括教练员的性格特征、相关行为以及心理健康水平（Altahayneh，2003），教练员的相关行为主要包括反馈的类型和频率、社会支持、领导风格以及决策风格等（邢淑芬，俞国良，王良玉，2011；Bai，2013；Rad，2013）。刘羽（2012）研究发现，训练环境、社会支持、竞争压力、训练条件，以及运动员的生活质量、与团队的融合度、运动员与教练员的关系、动机氛围等都可能会导致运动员倦怠。其中，社会支持与运动员倦怠关系的研究较为常见，运动员社会支持可被划分为信息性支持、陪伴性支持、情感性支持和工具性支持四项内容，研究发现信息性支持、情感性支持和情绪体力耗竭、运动负评价有较高的相关性，工具性支持、信息性支持、陪伴性支持和成就感降低、运动负评价有较高的相关性。不可忽视的是，在压力情境下，不同运动员的人格特征也会对倦怠发展产生影响。因此，有研究关注了情境与运动员人格的交互作用，他们发现，当竞争性的情境因素与特定的人格特征发生交互作用时，更容易导致运动员产生倦怠症状。

就运动员倦怠产生的心理因素而言，是否具有某种心理特征或人格特点的运动员更容易产生倦怠，目前还没有一致的结论。但是，研究者确实发现一些个体因素对运动员倦怠具有重要预测作用。焦虑是运动员经常出现的心理特征，研究发现，无论是特质焦虑还是竞赛状态焦虑，都与倦怠呈正相关，而运动员知觉到的能力感和控制感与倦怠呈负相关（Gümüsdağ，2013）。然而，有学者指出，如果运动员过于想要控制自己、周围环境或是队友，容易出现欺负等越轨行为，会提升倦怠发生的几率（Yildiz，2015）。除此之外，还有研究指出，运动员缺乏兴趣、高期望值、较差的人际交往技能等都可能导致倦怠产生（邢淑芬，2007）。

近几年，完美主义（perfectionism）在运动心理学领域受到广泛关注。完美主义是一种人格特质，即在个性中具有凡事追求尽善尽美的极致表现的倾向（王翠萍，2011），能够影响一个人的认知过程和行为表现。一些学者视完美主义为优异比赛发挥的基石，也有学者将完美主义看作比赛成功的阻碍（Stoeber，2008）。希尔（Hill，2013）将完美主义分为个人标准完美主义（personal standards perfectionism，PSP）和自我批评完美主义（evaluative concerns perfectionism，ECP），也有研究称完美主义的努力维度（perfectionistic strivings）和关注维度（perfectionistic concerns）分别代表着两种不同的类型，第一种是设置极高的个人目标、投入努力去实现自我完善的完美主义，第二种是以完美他人为标准、对自己不满意而感到压力的完美主义。研究发现，自我批评完美主义能够负向预测运动员倦怠，此过程中也存在中介变量，包括任务导向应对（task-oriented coping，TOC）、基本心理需要的满足和自主性的动机，即倾向于追求自身完美的运动员，能够专注于任务解决，其基本心理需要和自主性的动机将会得到满足，从而不易产生倦怠。个人标准完美主义能够正向预测运动员倦怠，且受到脱离导向应对（disengagement oriented coping，DOC）、基本心理需要的阻碍和非自主性动机的中介作用（Jowett，2014）。此外，古尔德（Gould）等人（1996）对少年网球运动员进行了考察，结果发现处于倦怠状态下的运动员表现出更高水平的神经质性完美主义（neurotic perfectionism），他们会更加关注自己的错误、感知到更多的父母批评。

二、运动员倦怠的恢复

查阅国内外文献，笔者发现运动员倦怠恢复的相关研究较少，多数研究仅从运动心理学角度提出了控制倦怠的建议，但真正针对某一措施开展运动员倦怠恢复的干预研究颇为鲜见。刘方琳和张力为（2004）针对运动员倦怠恢复进行了访谈，调查了运动员在出现倦怠时采用的调节方式和手段。主要包括：暂停训练或使用非专项训练，改变训练环境；使用自我调节技巧；设定比赛和训练的短期目标；求助于社会支持；培养业余的兴趣和爱好。迟立忠（2013）通过文献梳理发现，有研究根据正念水平能够预测运动员倦怠水平的观点，对1名高水平射击运动员进行了运动员倦怠的干预研究，采用气功练习及正念练习作为恢复手段，20周训练后结果显示，运动员的情绪或体力耗竭以及成就感降低均已得到恢复，但运动负评价未完全恢复。Smith（1986）提出的认知—情感压力模型认为，运动员倦怠是压力应对不良的结果。因此，合理有效地应对感知到的压力，有助于促进运动员倦怠的恢复。希尔（2010）关注了压力应对方式与运动员倦怠的关系，发现任务导向的应对（task-oriented coping）与运动员倦怠负相关，脱离导向的应对（disengagement oriented coping）与运动员倦怠存在正相关关系。任务导向的应对方式包括心理表象、思想控制、努力投入、寻求支持、逻辑分析和方式，有助于运动员倦怠症状的恢复。

由于现阶段国内关于运动员倦怠的干预和控制的实验研究尚处于构想阶段，有学者指出，如能在积极心理学的背景下，关注运动员积极心理变量对倦怠的影响，或许能提出更有效的应对、预防和控制措施（张素婷，2013）。

首先，心理资本与倦怠的主题受到了广泛关注。运动员倦怠的理论模型强调，压力可直接影响运动员倦怠，研究发现可以通过提高运动员的自我效能感和自尊来促进倦怠恢复（陈作松，周爱光，徐建清，2011）。此外，心理资本是近年来备受研究者关注的概念，由卢坦斯（Luthans）等人（2006）提出，是个体一般积极性的核心心理要素，具体表现为符合积极组织行为标准的心理状态，包括自我效能感、乐观、希望和心理坚韧性。研究发现，希望特质与运动员倦怠呈现负相关，高希望特质的个体由于体验到更少的压力，因此较少产生运动员倦怠。针对优秀运动员的质性研究表明，具备高水平心理韧性的运动员在压力情境下能很好地控制负性能量以及自我态度，因而能有效避免潜在压力源的负面影响（张素婷，2013）。已有研究表明，代表乐观能力的乐商（optimistic intelligence quotient）可能是一个比智商和情商更能决定人未来发展的因素，高乐商有利于成就灿烂辉煌的事业，已有研究证明乐观对运动员倦怠具有负向预测作用（Berengüí，2013）。卢坦斯（2006）认为心理资本超过人力资本和社会资本，并能通过有针对性的投资和开发而使个体获得竞争优势。因此，我们可以采用心理技能训练的方式培养运动员的心理资本，从而缓解运动员倦怠。

其次，情绪作为心理健康的重要评价指标之一，对倦怠的恢复产生一定影响。积极情绪的扩展—建构理论认为，积极情绪由机体内外部刺激的共同作用产生，是个人对有意义的事情的独特即时反应。积极情绪能够影响认知活动，具有积极情绪的运动员表现出更高的创造性，决策更全面，解决问题的效率更高，能够获得更多的成就感。并且，积极情绪的参与有助于生理活动恢复的到平衡状态，减少负面的思维活动方式，缓解紧张情绪，因而能够缓解运动员在情绪和体力上的耗竭现象（Fredrickson，2001；Isen，Daubman，Nowicki，1987；Fredrickson，Levenson，1998）。此外，情绪智力是把握自己和他人情感，进而控制想法和行为的能力。研究发现，运动员的情绪智力能够负向预测运动员倦怠（Saadati，2014）。

第五节 我国游泳运动员倦怠的实证研究

作为竞技体育运动的精英群体，运动员在提升竞技能力、挑战运动极限的过程中，不可避免地暴露在复杂多样的压力环境中。一场比赛中，运动员的自我期望、教练员的要求、领导设置的目标，以及达到成绩之后的种种结果，与运动水平的状态变化一同构成了运动员的压力环境。在这种环境下，运动员的生理资源和心理资源不断被消耗，达到一定程度后，就会引起倦怠（burnout）现象的出现。运动员倦怠不仅限制了竞技状态的发挥，也会对其身心状态造成不良影响。林岭和张力为（2006）进行的调查研究显示，45%的运动员2～4周发生一次轻度的倦怠，32%的运动员2～3个月发生一次中度以上的倦怠。就倦怠的表现而言，主要体现在生理、心理以及行为三个方面。生理反应包括失眠、肌肉疲劳、食欲下降等，心理反应包括自尊水平下降、习得性无助以及消极的认知方式和情绪反应等，出现回避、人际交往技能下降等行为，进而造成运动成绩的下降（Cox，1994）。近期的一项研究还发现，倦怠可能导致运动员整体健康水平的下降。因此，长久以来运动员倦怠问题受到了运动队管理者和教练员的高度重视，也始终是运动心理学研究的热点问题。

目前，关于运动员倦怠的研究主要从概念界定、理论模型、影响因素和应对策略进行探讨。雷德克（1997）认为，运动员倦怠是一种包括情绪或体力耗竭、成就感下降和运动负评价三种特征的综合现象。运动员倦怠的理论模型包括认知—情感模型（cognitive-affective model）、承诺模型（commitment model）以及单维同一性发展和外在控制模型（unidimensional identity development and external control model）等。此外，就运动员倦怠的影响因素和应对策略研究而言，多数研究是收集多个项目运动员的数据，针对某一项目的研究较为少见。刘方琳和张力为（2004）研究发现，项目特点是运动员倦怠的重要原因之一。纳菲安（Nafian，2014）的研究也证实，不同项目类型的运动员，其倦怠存在显著差异。这提示我们从某一具有代表性的项目展开运动员倦怠研究，挖掘体现项目特色的倦怠影响因素，提出更具指导性和实用性的倦怠应对策略。

通过资料整理和分析，我们发现，游泳项目有其突出特点，分别通过竞赛特点、训练方式及竞争环境体现。首先，从竞赛特点来看，游泳项目属于闭合性项目，与开放性项目相比，运动员在比赛中一般不需随机应变地适应赛场变化，对外界环境的依赖程度较低。以长距离游泳项目为例，1500米自由泳需要运动员在十几分钟内完成15个来回，其间除了水中的声音外，很难听到教练员的指导以及观众的呐喊，不能准确观察对手的位置情况，甚至可能出现数错距离的情况。因此，游泳运动员在训练和比赛中不仅要承受身体上的疲劳，更要克服心理上的压力，突破体力和意志的双重限制。所以，当运动员难以掌控比赛时，容易出现倦怠症状。

其次，从训练方式来看，为巩固和完善运动技术，提高运动水平，游泳运动员常年进行枯燥与重复的训练，冬训期间一名运动员一天需要完成15000米以上的运动量。训练计划由教练员制订，绝大多数情况下运动员只能服从教练员的训练安排，缺少对训练过程的自主性和控制感。此外，以国家游泳队为例，每周训练6天，即便是休息的时间，运动员也不能私自外出。这种严格的管理方式压缩了运动员训练以外的其他社会生活空间，运动员缺少发掘、培养和保持一项兴趣爱好的机会。所以，在遇到训练或生活中的不如意时，运动员难以找到合适的排解方法，加上远离家人、缺少朋友，运动员可能会感到孤单无助，容易出现倦怠现象。

最后，从竞争环境来看，随着近年来我国游泳项目国际比赛成绩的不断提升，运动队投入更多精力进行运动员选材。2014年亚运会前的国家集训队员超过百人，在队伍不断扩大的同时，运动员之间的竞争也日益激烈。然而，对于运动员而言，运动成绩的发展不可避免地存在平台期，在竞争背景下出现运动成绩的停滞，对于不同水平的运动员，都将造成一定影响。年轻运动员成绩提高不明显，可能会怀疑自己的运动天赋和能力，对于是否继续进行专业训练产生动摇，而年龄稍长的优秀运动员常常受到伤病困扰，加之成绩不理想，或是有力竞争对手的出现，可能会对自己运动状态能否保持产生怀疑，更多地考虑未来职业发展以及退役后的出路问题。因此，竞争环境也助长了运动员倦怠症状的出现。

当前摆在研究者面前的两个重要问题是：

（1）游泳运动员的倦怠是由哪些因素导致的？

（2）如何有效控制运动员倦怠的发生？

对于游泳运动员倦怠成因的研究，取得了一定的研究成果。首先，训练强度和训练量能够直接影响运动的心理状态。冯燕（2004）运用《简式心境量表》考察高原训练时青少年游泳运动员的疲劳状态，发现当训练负荷量增加，运动员的紧张、愤怒、疲劳和抑郁得分也随之增加。其次，雷德克（1997）从运动承诺视角出发，认为运动员对游泳项目的承诺能够影响运动员倦怠的发生。主要表现为，被游泳项目所吸引而主动想要参与的运动员，倦怠分数较低，而那些受外部条件限制，被动参与的运动员的倦怠分数较高。最后，史密斯（1986）提出的认知—情感压力模型认为，运动员倦怠是压力应对不良的结果。因而探索倦怠成因的过程，即是寻找倦怠的压力来源的过程。汉顿（Hanton）等人（2005）研究指出，相较于训练和竞赛活动的压力，运动员面临着更多难以控制和应对的体育组织管理的压力。这一观点启发我们从组织压力源的角度对运动员倦怠成因进行考察。

对于游泳运动员倦怠的恢复与控制，孔庆玮（2005）提出，可以通过调整训练负荷、改进训练方式、变换训练环境等手段调控运动员的心理状态。而沟通、交流、丰富运动员的业余生活，也能够使运动员在出现倦怠状态时及时、充分地得到恢复。此外，塞利格曼（Seligman，1990）作为积极心理学的倡导者之一，关注了积极心理因素对运动员倦怠的影响。他与同事设计了一定的挫折情境，并比较不同乐观水平的游泳运动员在这种情境下的反应。研究发现，在体验挫折后的一段时间，乐观水平低的运动员仍表现出强烈的消极反应，而乐观水平高的运动员较为平静，有些被试的状态甚至得到了积极的恢复。王斌、叶绿、吴敏等人（2014）对多种运动项目运动员的研究证实，运动员的心理坚韧性能够通过应对方式对倦怠产生影响。

然而，通过梳理国内外的研究我们发现，国内对于游泳运动员倦怠的研究，其对象多为青少年运动员或大学生，而对于在国际大赛上取得优异成绩的优秀游泳运动员群体的倦怠相关研究却较为少见。为深入挖掘我国优秀游泳运动员倦怠现象的成因和把握恢复措施，我们采用质性的方法进行研究。陈向明（2000）指出，质性研究通过自下而上的方式，从研究材料中总结、提炼理论，具有探索社会现象、阐释意义、发掘整体和深层社会文化结构的作用。我们希望通过这种方式，真切观察和准确把握我国优秀游泳运动员的倦怠成因和恢复方式，为预防倦怠发生、缓解倦怠症状、抑制倦怠带来的消极影响提供科学、有效的指导。

一、研究一 我国优秀游泳运动员倦怠的成因

哪些因素可能引起运动员倦怠？研究者分别从不同角度对此进行阐释。认知—情感压力模型和消极—训练压力反应模型认为，运动员对各方面压力的不良适应促进了倦怠的产生；单维同一性发展和外在控制模型认为，运动员倦怠的主要原因是长期参与运动训练导致了个人认同的单一化，以及运动员自我控制感缺失；运动承诺模型强调，运动员付出与回报的不平衡促进了倦怠的发展；动机角度的研究发现，运动员基本心理需要得不到满足时就会产生运动员倦怠，无动机与运动倦怠呈显著正相关，内部动机与倦怠呈显著负相关（Goodger，Gorely，Lavallee，2007）。

不同运动员倦怠理论中，压力的视角普遍受到研究者的认同。遵循这一思路，探索运动员倦怠原因的过程即是寻找引起倦怠的压力源的过程。然而，对于我国优秀游泳运动员而言，哪些压力源直接或间接地导致了倦怠的发生？对于不同项目的多项研究发现，人口统计学因素、情境因素和心理因素对运动员倦怠的影响最为突出。人口统计学变量主要包括性别、年龄、项目类型、运动水平等，情境因素主要包括来自训练活动本身和来自组织的因素：来自训练活动的因素包括运动成绩、过度训练、训练生活单一、训练环境单调、比赛压力、竞技体制、运动伤病等；来自组织的因素包括教练员的性格特征、相关行为以及心理健康水平，教练员的相关行为主要包括反馈的类型和频率、社会支持、领导风格以及决策风格等。运动员的心理因素包括焦虑水平、感知到的能力感和控制感、情绪智力、期望、人际交往技能和压力应对策略、完美主义等。

将目光投向游泳运动员，在与游泳中心管理者、教练员和运动员的交流中我们发现，游泳项目竞赛的封闭性、训练方式的枯燥与重复、严格的管理方式、日益发展的竞争环境以及对手实力的增强，使游泳运动员承受着巨大的身体负荷和心理压力。然而，通过整理文献我们发现，目前针对优秀游泳运动员倦怠成因的研究较少。冯燕（2004）对青少年游泳运动员的研究指出，训练强度和训练量会直接影响运动员的心理状态。当训练负荷量增加，运动员的紧张、愤怒、疲劳和抑郁得分也随之增加。雷德克（1997）认为，运动员对游泳项目的承诺能够影响运动员倦怠的发生。此外，汉顿等人（2005）发现，相较

于训练和竞赛活动的压力，运动员面临着更多难以控制和应对的体育组织管理的压力。因此，本研究期望通过质性研究访谈的方式，探寻我国优秀游泳运动员倦怠的成因，并对以上研究结论的适用性进行检验。

（一）研究方法

国家游泳队的5名教练员和10名运动员接受了访谈。被试中男性教练员3人，女性教练员2人，平均执教年限为16年，男性运动员4人，女性运动员6人，平均年龄22岁，平均运动年限为15年。运动员中7人为国际健将，3人为国家健将。其中奥运会前三名有3人，亚运会前三名有2人，全运会前三名有4人，全运会前十名有1人。质性研究主张“目的性抽样”，即按照研究目的抽取能够为研究问题提供最大信息量的研究对象（陈向明，2000）。因此，本研究选择受访的教练员和运动员执教或运动年限较长、经历较丰富，在此前提下选择不同性别和年龄的教练员和运动员。

1. 资料收集

研究采取一对一的半结构式访谈，通过回顾有关运动员倦怠的研究，进行访谈提纲设计，并在研究小组内进行讨论确定。确定了两个问题：①请回顾你的运动生涯，是否曾出现过运动员倦怠的情况，即出现心理上的疲劳？②如果有，请描述那次倦怠出现的原因，以及当时的情况；如果没有，请描述你所看到的或知道的其他运动员的倦怠情况。在访谈开始之前，告知受访者其所述内容仅供研究使用并会被严格保密，访谈过程中注重受访者对事件的描述以及自身的感受，并关注访谈中的非言语信息。征得受访者同意后，对访谈进行录音，平均访谈时间为31分钟。访谈后与受访者保持联系，便于在整理记录时对不清楚的地方进行询问。

2. 资料统计与分析

研究采用质性研究的三级编码方式对质性资料进行分析。为减少信息遗漏，在访谈完成后24小时之内将录音转化为文本，最终得到文本20969字，并将整理完成后的文本反馈给受访者，所有受访者对资料准确性表示无异议。资料分析运用QSR Nvivo 10进行。具体分析步骤包括：①访谈记录编码。将资料按照访谈者进行编码，5位教练员分别为C1—C5，运动员为A1—A10。②开放式登录。阅读资料，对运动员和教练员提到的倦怠成因，即质性研究编码中的“关键性概念”进行提取命名。为最大程度地还原受访者的内心感受，特别注重使用受访者自己的表述，如具体事件、内心感受、环境特点等进行命名。③关联式登录。关联式登录是对得到的关键性概念的整理，通过分析不同概念的异同，将具有相同或相近特征的关键性概念划分为同一类属。此外，全部登录过程由一位运动心理学专家和一位具有国家游泳运动队服务经历的博士研究生协助研究者共同进行。在开放式登录时，反复斟酌关键性概念，力求对关键性概念的命名能够体现概念的意义和内涵，还原运动员倦怠的事实原因。在关联时登录时，确保各个类属没有逻辑上的重叠，确定类属后，再次讨论每个编码在不同类属下是否合适，最终得到编码结果。

3. 可信性检验

为避免“研究效应”的影响，即受访者在人为环境中时可能表现得与平时不一样，导致研究效度的失真，质性研究中常采用三角检验法（triangulation）增强研究可信性。三角检验法的基本原则是从多个角度或立场收集对有关情况或数据的观察和解释，并对它们进行比较，以确保分析的真实一致性。首先，除访谈资料外，研究者在国家游泳集训队进行了为期一年的心理服务，在通过访谈探索研究对象行为动机的同时，运用观察法检验受访者的真实行为，将两者进行比较以保证效度。其次，受访者中包括成对的教练员和运动员，访谈中注意寻求双方对某一事件从不同角度进行的描述，如果存在较大出入，便去询问受访者加以澄清，以求得到对事件最真实准确的把握。

（二）研究结果

通过对资料的分析与归纳，获得运动员倦怠原因的开放式登录编码，包括生理疲劳导致倦怠、伤病问题、担心出路等。在此基础上，归纳出关联式登录编码，包括训练因素、生活因素、组织因素和心理因素，进一步提取情境因素和心理因素2个类别（表2-32）。与量化研究得到的结果不同，在对教练员和运动员的访谈中，没有人提及人口统计学因素的作用，数据处理只提取出了情境因素和心理因素，且情境因素的编码数量多于心理因素，经过与研究小组成员的探讨，我们认为原因包括：①运动员倦怠产生的心理因素如焦虑水平、感知到的能力感、控制感等，均属于对情境因素的压力反应（Neil，Fletcher，Hanton，et al，2007），如焦虑的原因可能是运动员怕自己达不到教练或领导所设定的目标，能力感与控制感不足可能是由于成绩的下滑。因此，情境因素经常是导致运动员倦怠的根本原因。②情绪智力、完美主义等人格变量不易在一次访谈中显现和考察，因而也导致心理因素的数量较少。这一编码结果与先前研究类似，刘方琳（2005）对于运动员倦怠的原因的编码结果提取了来自运动员的外源性压力32个，内源性压力6个。此外，有研究指出，相较于训练和竞赛活动的压力，运动员面临着更多的体育组织管理的压力，而运动员通常难以控制和应对这种情境，容易出现倦怠（王斌，叶绿，吴敏，等，2013）。因此，我们认为编码结果反映了客观事实。

表2-32　运动员倦怠成因编码结果

类别	关联式登录编码	开放式登录编码
情境因素（37）	训练因素（17）	生理疲劳导致倦怠（8） 伤病问题（4） 训练安排（2） 成绩不理想（3）
	组织因素（14）	外界评价（3） 队里忽视（2） 同伴影响（2） 对手影响（2） 教练员对运动员疲劳把握不准确（2） 管理严苛（1） 教练员打骂（1） 目标设置（1）
	生活因素（6）	分手、家人去世、父母离婚（6）
心理因素（9）	心理因素（9）	担心出路（4） 金牌效应（2） 缺乏信心（2） 缺少激情（1）

1. 情境因素

情境因素包括训练因素、组织因素和生活因素。

（1）训练因素

训练因素是与运动员训练活动直接相关的倦怠成因，包括生理疲劳、伤病问题、训练安排不合适、成绩不理想。

在访谈中，有8位受访者提到由于身体的疲劳引起心理的疲劳，从而出现倦怠症状。A4谈到："一般都是心理和身体疲劳同时出现。"A1曾经在赛前受到神经疲劳的困扰："锦标赛前突然'没水（感）'，大约三周时间，感觉自己突然不会游了，当时很迷茫，开始怀疑自己。"一般而言，一定量的疲劳积累后才会出现超量恢复，而此时也往往是最难坚持的时刻。A7谈到自己付出了较大努力却没有回报时的状态："感觉训练量太大了，顶不住了，而且感觉练得东西用不上，我就不想练，因为觉得好多人都吃了很多苦但是没提高。"

伤病问题会影响到运动员的训练和比赛状态，长期受伤病困扰的运动员出现倦怠的可能也较大，甚或是早早结束运动生涯。A6这样描述受伤给自己带来的困扰："全运会前为了维持训练，每天都要去做1个半小时治疗。作为运动员，每天自己的时间就没多少，还要花这么久去进行枯燥痛苦的治疗，那个时候我就想，我这么做到底是为了什么，所以曾经想退役。"带病训练也是运动员经常会遇到的情况，A8谈道："当时在高原的时候每天晚上发低烧，教练员不让调整，但是我觉得自己这么练下去，我可能就废了。"

此外，训练安排不合适或成绩不理想，可能削弱运动员的效能感而引起运动员倦怠。A7这样描述自己的经历："那段时间就是不想练了，可能因为计划不合适，我觉得练不上去了，觉得练下去就这样了，思想和心理上觉得自己不行了。"

（2）组织因素

组织因素是运动员所处的体育组织造成运动员倦怠的具体事件。研究结果显示，组织因素是运游泳倦怠的重要因素，包括外界评价、队里忽视、教练员对运动员疲劳把握不准确、同伴影响、对手影响、管理严苛、教练员打骂以及目标设置不合理。

运动员的运动经历中，难免出现竞技状态的起落，也许他们能够调节自己，尽量做到“胜不骄，败不馁”，然而外界对运动员的过高期望或者是忽视，运动员却往往拙于应对。家人、教练员以及领导可能只关注比赛结果本身，不适当的评价往往会对运动员造成较大的心理压力。A10在2013年全运会中获得两枚金牌，“（获得冠军之后）就有人说我是下一个奥运冠军等，我就会很烦别人这么说，也对我的心情和状态造成了影响。”A8阐述了重大比赛失去冠军后，外界评价对其造成的消极影响：“当我站在第二名领奖台的时候，没有什么失落的感觉，但是后来参加一些活动（才感受到这种失落）。介绍运动员的时候，第一名往往被人们记住，第二名就没有人记得，很多类似的事情，磨灭了我所有的骄傲自豪感。”

通过文献梳理发现，来自运动队和教练员的社会支持能够减缓运动员倦怠现象的出现。然而，运动队管理上对运动员的忽视，会直接影响到运动员的训练状态，甚至引起运动员倦怠。A2这样描述：“虽然全运会也比得不错，但是队里重点队员太多，全运会后根本不重视我，过去了一个月，我连跟哪个教练训练都不知道。”可见，运动队的忽视会削弱运动员对组织的信任以及承诺感，进而诱发运动员倦怠。

除体育组织外，运动队中并肩战斗的队友，也会影响运动员的身心状态。教练员C3谈到运动队中年龄大的队友对小队员的影响：“他（一名大队员）不好好训练，经常偷懒，小队员也跟他学，运动员之间学坏很快，特别容易互相影响。”此外，A4谈到她见到过的队友间的影响，队里一名年轻运动员成绩不理想，正在担心自己以后的出路，此时她的一位关系要好、年龄相仿的队友退役，使得这位年轻运动员出现较大的心理波动，训练态度也变得消极。

竞争对手也会对运动员的心理状态造成影响，A8描述了另一位运动员由于对手影响而出现倦怠的情况：“比赛的这个东西你输了一次，你就会怕输第二次，第一次可能是没有练好，状态没有调整好，但是第二次再输的时候，就是输在心态上，越输越怕，越怕越输。”

教练员也是组织因素的重要组成部分，作为运动员训练的重要指导者，首先，如果教练员不能很好地把握运动员的训练状态，以及运动员的疲劳程度，或是安排与其能力不相符的训练内容，可能会加速运动员倦怠的出现。其次，如果管理过于严苛，或是采取不当的教育方式，如打骂运动员，会使运动员产生逆反和回避心理，久而久之容易出现倦怠。最后，教练员的目标设置也是重要的因素。C2谈到："如果你对运动员安排太高远的目标，他可能会产生一种懈怠，完全放弃，觉得自己可能做不到。当太容易的时候，他又会变的动力不够。"

（3）生活因素

训练之外，运动员的生活事件也会影响其心理状态，严重时可能会导致倦怠。访谈中提到的主要生活事件包括失恋、家庭矛盾。A4和A9分别描述了失恋对自己训练的影响："那一周天天什么都不干，睡觉，也不训练""跟女朋友闹矛盾，就没有心思训练了，感觉爱咋咋地吧，教练打我骂我就认了，反正就是不想练"。

2. 心理因素

研究结果显示，运动员倦怠成因的心理因素包括担心出路、金牌效应、缺乏自信和缺少激情。在访谈中发现，职业生涯的发展和未来出路问题突出，且反映在各个年龄段的运动员中。年龄小、从事训练不久的运动员不确定自己是否有继续发展的潜力，或是以后能否从事竞技游泳项目，还容易受到家人、教练的影响而减弱训练动机。青年运动员具有一定的训练基础和成绩，却面对着究竟是上大学还是继续从事专业训练的选择，如A3这样描述自己当前的心理矛盾："有时候会想，练下去我以后会怎么样，练到什么时候是个头，到最后不还是一样上大学，上了大学没人管你是全国冠军还是世界冠军，一样找工作。但是另一方面，我又会想我应该给自己一个交代，想完成自己的一个理想。"

对于运动员而言，一枚重要比赛的金牌，可能意味着一系列的附加奖励，这些奖励不仅激励运动员去争夺冠军，同时也在一定程度上促使运动员倦怠的产生。教练员C2这样描述第一名和第二名的差距："TL拿了两个亚运会冠军，待遇就不一样，还可能当选三八红旗手、人大代表，但是如果她是第二，就什么都没有，连在省队当教练都没资格。"正是这些比赛成绩以外的附加结果，会对运动员比赛中的心理状态的保持造成影响。

此外，适度的激情是运动员坚持训练、全心投入的必要保证（Gustafsson，2011），然而长期枯燥无味的训练活动使得运动员逐渐失去对运动项目的兴趣，出现倦怠症状。自信程度较高的运动员能够在逆境中永不言败、越挫越勇。A3在访谈中如此描述："有时候会丧失信心，对自己的能力产生怀疑，对自己能否坚持下去发生动摇和犹豫。”这一结果提示我们，运动员自信心水平的下降也会引起倦怠症状。

（三）讨论

本研究结果显示，游泳运动员倦怠成因包括情境因素和心理因素，其中情境因素分为训练因素、组织因素和生活因素。这一结果验证了部分前人研究结论，如刘方琳和张力为（2004）将运动员倦怠的原因归纳为生理疲劳、常规训练、比赛压力、社会支持、竞技体制、投入和收获不成正比、项目特点和个人因素。同时，本研究也揭示了游泳运动员的倦怠成因的自身特点。

第一，通过开放式登录编码发现，训练因素中由生理疲劳导致倦怠的编码数目最多，说明训练负荷导致的身体疲劳容易引起游泳运动员的倦怠，与冯燕（2004）的研究结果一致。那么，运动员倦怠是不是一定伴随着生理疲劳的出现呢？答案是否定的。刘方琳和张力为（2004）曾根据生理疲劳的出现与否，以及疲劳影响的不同程度，将运动员心理疲劳分为“真性心理疲劳”和“假性心理疲劳”两类。第一类伴随着生理疲劳产生，是运动员发自内心地感到疲劳和无力，表现为身体状态不佳、竞技水平下降、伤痛增加、害怕和厌烦训练和比赛，运动员的自信心和能力感也出现下降，只有通过暂时停止训练或转换训练方式来消除。而“假性”心理疲劳并非是指运动员没有心理疲劳症状，而是指运动员的生理疲劳程度并不高，但由于常规训练竞赛或其他因素的影响，依然出现了心理疲劳症状。通过适当的调整，运动员一般能够在短时间内得到恢复。

第二，研究结果显示，我国优秀游泳运动员倦怠的成因中，组织因素的影响较为突出。组织因素是指以组织为主的外部环境对运动员倦怠产生的影响，因此，也验证了组织压力源是运动员倦怠的主要成因的观点（Hanton，Fletcher，Coughlan，2005）具体而言，外界的不当评价使运动员的心理状态产生波动，也会影响运动成就感的获得；组织对运动员的忽视会降低其承诺感，同伴的不良影响、对手带来的竞争压力使运动员对游泳项目产生负面的评价；教练员对运动员疲劳把握不准确，训练负荷过大、目标设置不合适、管理过于严苛，甚至打骂运动员，会使运动员的生理资源和心理资源极大地消耗。种种情境都增加了游泳运动员的压力，导致倦怠现象的出现。这一研究结果提示，无论是运动队管理者、教练员，还者是运动员，都需要反思、调整、改进自身行为，合理设置目标，增加积极反馈，提供更多的组织支持，减少环境因素对运动员身心状态的不良影响。

第三，研究揭示了我国优秀游泳运动员倦怠的心理成因，包括担心出路、金牌效应、缺乏信心以及缺少激情。通过分析，我们认为施密特（1991）提出的运动承诺模型能够较好地解释这些心理因素。该模型提出，运动员对自己付出努力和获得回报的评价，能够预测和解释运动员的愉悦感、倦怠和离队现象。当运动员知觉到自己的付出获得了相应的回报时，愉悦感较高，倦怠水平较低；觉得回报与付出相差甚远时，满意度随之下降，容易产生倦怠。就游泳运动员而言，当其认为自己付出了大量努力和投入，而运动成绩却不如人意时，心理状态会受到影响。尤其是看到其他与自己努力程度相当，甚至训练投入程度不及自己的运动员获得了优异成绩或是重大比赛的金牌，得到诸多荣誉和嘉奖后，运动员的自信心和成就感会受到打击。随着时间的累积，运动员会逐渐丧失训练激情，降低对游泳项目和组织的承诺，更加担忧自己以后的职业生涯发展，表现出一系列倦怠症状。

（四）结论

我国优秀游泳运动员倦怠成因包括情境因素和心理因素。情境因素包括训练因素、组织因素和生活因素。训练因素中，生理疲劳导致倦怠的情况突出，而伤病问题、训练安排、成绩不理想也会造成影响。组织因素主要由外界评价、队里忽视、同伴影响、对手影响、教练员对运动员疲劳把握不准确、管理严苛、教练员打骂、目标设置组成。生活因素则包括失恋分手、父母离婚等。除情境因素外，运动员担忧职业生涯发展、受到金牌效应的影响，表现出缺乏自信、缺少运动激情，这些心理因素也会使运动员产生倦怠。

二、研究二　我国优秀游泳运动员倦怠的恢复

2013年，孙杨缺席东亚运动会，教练员和专家认为倦怠是其缺席的主要原因之一。通过与国家游泳队领导及教练员的沟通，我们发现运动员倦怠症状在游泳运动员中较为常见。倦怠症状的出现，不仅会造成运动成绩的下降，阻

碍运动员竞技状态的发挥，也会严重影响运动员的身心健康。研究发现，运动员倦怠不仅伴随失眠、肌肉疲劳、食欲下降等生理反应，还会伴随自尊水平下降、习得性无助以及消极的认知方式的心理反应和情绪反应，在这种情况下，运动员会出现回避、人际交往技能下降等特征（邢淑芬，俞国良，王良玉，2007；Cox，1994）。因此，如何有效促进运动员倦怠的恢复，是运动队管理者、教练员和运动心理工作者不可回避的问题。

掌握运动员倦怠的恢复策略，是控制、缓解运动员倦怠的首要任务。然而，当前研究对运动员倦怠恢复的讨论不多。沃克（Walker，2013）发现运动员进行正念训练有助于缓解倦怠，刘方琳（2005）通过质性研究访谈进行总结归纳。此外，我们发现，出现倦怠后，有些运动员能够尝试采取一些有效措施，尽可能减少倦怠对自己的阻碍和影响，而有些运动员则显得手足无措，出现身体不适、情绪消极、行为回避情况，甚至影响自己的运动生涯。我们不禁思考，倦怠恢复的效果为何存在差异？目前研究提示，这种差异的产生可以从应对方式和心理品质角度进行阐释。

首先，对于运动员倦怠的作用机制，认知—情感压力模型认为，运动员倦怠是压力应对不良的结果。应对（coping）是指当个体评估内在或者外在的要求超过自身的资源后，所持续进行的控制内在或外在要求的认知和行为努力（王斌，叶绿，吴敏等，2013）。合理有效地应对感知到的压力，有助于促进运动员倦怠的恢复。希尔（2010）从应对的3个维度——任务导向应对、分心导向应对和脱离导向应对进行考察，发现任务导向的应对与运动员倦怠成负相关关系。任务导向的应对方式包括心理意象、思想控制、努力投入、寻求支持、逻辑分析和方式，有助于运动员倦怠症状的恢复。应对分为问题取向的应对和情绪取向的应对，研究者认为，问题取向的应对有：主动应对、加大努力、计划、抑制活动的竞争性、寻求社会的工具性支持。情绪取向的应对有：寻找社会的情感支持、否定、自责、幽默、情感发泄、中断思维、中断行为、想象、积极重新评价。一般认为，专注于问题的应对方式在缓解压力的效果上好于逃避或集中于情绪的应对方式。

其次，随着近年来积极心理学研究的推进，心理坚韧性、乐观和希望等积极心理因素被发现或许能够更积极有效地促进运动员倦怠的恢复。这一观点已在部分研究中得到证实。古斯塔松等人（2013）研究发现，希望特质与运动员倦怠呈现负相关，高希望特质的个体体验到更少的压力，较少产生倦怠。高心理韧性水平的运动员在压力情境下能很好地控制负性情绪，有效避免潜在压力源的负面影响（张素婷，2013）。还有研究证明，乐观能够负向预测运动员倦怠情况（Berengüí，2013）。

但是，就我国优秀游泳运动员而言，在遭遇倦怠情境时，他们经常采用哪些应对方式，以及积极心理品质是否在游泳运动员倦怠恢复的过程中发挥作用，本研究希望对此进行探索。当前，应对方式的研究方法以自我报告为主，其中量表的使用最为广泛。然而，梁宝勇（2002）提出，当前应对方式的自我报告中忽略了采取开放式的、非结构式的评定方法。李伟、毛志雄和周忠革（2005）也对应对量表的特质取向提出质疑，认为由于缺少情境因素的参照，很难判断一种应对方式对于适应环境的效果好坏。通过查阅相关文献，我们发现关键事件分析法（critical incident analysis）能够将应对方式与具体情境联系起来，提高研究效度。关键事件分析法包括3个步骤：①通过访谈了解被试在最近几个月遇到的压力事件。②询问他们对这些事件的特定的应对行为。③了解他们的应对后果。因此，本研究拟遵循关键事件分析的思路，通过质性访谈的形式，探索我国优秀游泳运动员在倦怠情境下的应对方式。

此外，运动员的重要管理者——教练员——在运动员倦怠的恢复过程中的作用不可忽视。已有研究发现，教练员的领导方式与运动员倦怠显著相关，教练员的专制领导风格与运动员倦怠成正相关，而教练员的积极反馈与倦怠成负相关（Rad，Ghalenoei，2013）。因此，本研究除访谈运动员外，也对教练员在运动员倦怠恢复过程中采取的措施进行了访谈。本研究试图勾勒游泳运动员倦怠恢复的特点，为运动员倦怠的恢复提供理论提供佐证，并对积极的和消极的恢复措施加以区分，为运动员、教练员及体育组织领导提供运动员倦怠干预的实践参考。

（一）研究方法

国家游泳队的5名教练员和10名运动员接受了访谈。被试中男性教练员3人，女性教练员2人，平均执教年限为16年，男性运动员4人，女性运动员6人，平均年龄22岁，平均运动年限为15年。运动员中7人为国际健将，3人为国家健将。其中奥运会前三名有3人，亚运会前三名有2人，全运会前三名有4人，全运会前十名有1人。

1. 资料收集

研究采取一对一的半结构式访谈，通过回顾对运动员倦怠的相关研究，进行访谈提纲设计，并在研究小组内进行讨论，确定访谈提纲。提纲包括2个问题：①请回顾你的运动生涯，是否曾出现过运动员倦怠的情况，即出现心理上的疲劳？②如果有，请描述那次倦怠事件的具体情况，采用了哪些解决措施或是恢复手段；如果没有，请描述你所看到的或知道的其他运动员的倦怠情况及其恢复手段。在访谈开始之前，告知受访者其所述内容仅供研究使用并会严格保密，访谈过程中注重受访者对事件的描述以及自身的感受，并关注访谈中的非言语信息。征得受访者同意后对访谈进行录音，平均访谈时间为33分钟。访谈后与受访者保持联系，便于整理记录时对不清楚的地方进行询问。

2. 资料统计与分析

研究采用扎根理论的三级编码方式对质性资料进行分析。为减少信息遗漏，在访谈完成后24小时之内将其转化为文本，最终得到文本22254字，并将整理完成后的文本反馈给受访者，所有受访者对文本准确性表示无异议。资料分析运用QSR Nvivo 10进行，具体编码过程与研究一类似，在此不加赘述。

3. 可信性检验

首先，除访谈资料外，研究者在国家游泳集训队进行了为期一年的心理服务，在通过访谈探索研究对象行为动机的同时，运用观察法检验受访者的真实行为，将两者进行比较以保证效度。其次，受访者中包括成对的教练员和运动员，访谈中注意寻求双方对某一事件从不同角度进行的描述，如存在较大出入，便询问受访者加以核实调整，以求对事件真实准确的把握。

（二）研究结果

本研究通过资料分析，对运动员倦怠后的恢复措施进行编码。结果显示，运动员倦怠后的恢复措施包括教练员进行沟通、教练员调整训练安排、运动员努力投入、运动员坚持忍耐等。在此基础上，归纳出教练员采取的措施，包括提供支持、改变刺激和提高运动员控制感，而运动员采取的措施包括主动应对、适当回避、寻求支持和外部因素影响（表2-33）。

表2-33　运动员倦怠后恢复的编码结果

类别	关联式登录编码	开放式登录编码
教练员（21）	提供支持（10）	沟通（4）
		关心帮助（2）
		警告、提醒（1）
		鼓励（2）
		安慰（1）
	改变刺激（7）	调整训练安排（5）
		变换训练手段（1）
		开展娱乐活动（1）
	提高运动员控制感（4）	给运动员自主权（3）
		传授调节方法（1）
运动员（29）	主动应对（16）	努力投入（5）
		营养补充、休息（3）
		坚持忍耐（3）
		沟通（2）
		自我谈话（1）
		树立信心（1）
		经验学习（1）
	适当回避（7）	自己调整（6）
		请假（1）
	寻求支持（3）	物理恢复（1）
		助教介入（1）
		亲友陪伴（1）
	外部因素影响（3）	下高原（2）
		比赛获胜（1）

1. 教练员采取的恢复措施

结果显示，教练员通过提供支持、改变刺激和提高运动员控制感的方式促进运动员倦怠恢复。

（1）提供支持

教练员发现运动员出现倦怠症状后，会主动关注运动员的行为表现和训练状态，采取一定的措施助其缓解，提供社会支持。具体措施为沟通、关心帮助、警告提醒、鼓励和安慰。

首先，沟通能够帮助运动员纾解心情，正如教练员C2所言："有的压力，只要是能说出来，就会好很多，所以我希望能够跟运动员多谈，多听。"C5特别谈到教练员要重视沟通："有的运动员父母或是亲人生病，他很担忧，会造成训练中心理障碍。这个时候你就需要静下心来细致地，宁可放弃一两堂课或者是一小段时间——跟他进行一个短暂的有效果的沟通，让他们明白是有人替我去做这个事情，有人去照顾他们，有的时候（运动员）是能够很坦然地放下的。"

除沟通外，教练员还应当站在运动员的角度考虑问题，真正关心帮助运动员。C2描述了如何帮助一位运动员克服因为失恋而不想训练的情况："他说不想练了，说失恋了。这时候我如果把他教育一通，可能他就不认了，还不如不谈。我希望他知道在他需要帮助的时候我能给他经验，我告诉他怎么样把这个事情过去。（我告诉他）自己给自己找点事儿，一周后就会很淡了。"此外，在言语方面，运动员缺乏动力的时候，教练员采用鼓励、安慰的方式，或是运动员松懈的时候教练员提出警告、提醒，都有助缓解倦怠症状。

（2）改变刺激

除了主动关注外，教练员还采取具体行动来促进运动员倦怠的恢复。包括调整训练安排、变换训练手段、开展娱乐活动。

在访谈中，5位运动员提到教练员会通过调整训练安排来缓解运动员倦怠，然而他们也强调，必须确定队员真的是身体或心理状态不适宜训练再去进行调整，"我一般都是先观察他们，观察之后再改一下计划。首先肯定是要他坚持，坚持之后看他实在游得一塌糊涂，技术也没有了质量也没有了，我才真的调整计划（C3）。”同时还应注意调整的程度，“如果实在练不动了，教练员会看情况调整，但是主要还是心理上的调整，实在太累的话，训练会松一点点，比如加个时间啊，少游一个啊，但是只会放一点点，不会放很多，不会说就是让你歇到什么时候好了再练，不可能（A10）。”

此外，教练员C1通过变换训练手段改变刺激：“运动员成绩长期不提高，他会怀疑你的训练。怎么办呢？出国。给运动员换一种刺激，国外是异地，又是新的计划、新的教练、新的执教方式，对运动员来说都是一个兴奋灶。”

最后，开展娱乐活动能够为运动员创造一个转移注意力和适当发泄的平台，有助其抒发和缓解心中积郁。教练员C4尝试通过茶话会来缓解运动员倦怠：“我们定期举办茶话会，在会上大家畅所欲言，想说什么就说什么，会议结束后走出这个门，就当什么都没说过，这种方式也能够帮助我发现他们的问题，同时给他们说话的机会。”

（3）提高运动员控制感

前人研究发现，提高运动员控制感有助于减少运动员倦怠的出现。因此，除了言语上的关注、行动上的调整外，教练员还注重在管理中强调运动员的自主性，提高其对训练和管理的掌控程度，必要时传授调节方法。教练员C2谈到过分压抑运动员的天性的危害：“这就好比是炸药包，你堵住了从外面看看是没事儿的，但当里边积压到一定程度，就可能会引起爆炸。”因此他谈到：“只要在不违背管理原则的情况下，让他们做他们自己意愿的事，要适度，在年龄特点和训练中找平衡，给个宽容度。有的事情急不来，要允许队员犯错。”

也有教练员强调，给予自主权不是放任自流，在运动员倦怠的调节上，教练员虽不要过多干预，但要“授之以渔”，即传授运动员一些具体、有效的调节方法，让其自己进行恢复。

2. 运动员采取的恢复措施

经过分析归纳，运动员倦怠的恢复措施较之教练员的恢复措施更加全面和具体。我们发现，出现倦怠后，运动员除了会积极面对问题、寻求外部支持，有时采取适当的回避方式也可以暂缓运动员倦怠带来的困扰，此外，外部因素影响也可能促进倦怠后的恢复。

（1）主动应对

运动训练活动以“疲劳—恢复—再疲劳—再恢复”为特点，身体和心理的疲惫感可谓伴随着运动员每天的训练，作为训练效果的一部分，大多时候运动员需要积极面对倦怠，在访谈中发现，主动应对包括投入训练、营养补充或休息、沟通、坚持忍耐、自我谈话、提升自我效能、学习经验的方式。

不经历风雨难见彩虹。运动员由于身体上的疲劳积累，不时出现思想上的松懈和动摇，教练员C5指出了运动员努力投入的重要性：“如果哪个孩子跟我说不舒服，我首先说的是坚持，因为有的时候你需要给他们肯定的回答，战场上胳膊腿都没了，还打仗呢，训练中你得坚持。但有的时候你就要看到底是什么情况了，因为要是生病了你再练就会出事了。”除教练员的指导外，运动员也会自己激励自己，付出更多的努力实现目标。如控制消极情绪：“这种消极的东西不能多想，多想后会影响第二天或这个周期的训练，我会控制现在的情绪尽量不去想（A3）。”设置目标：“小目标就是把每个训练周期做好，长远的目标就是参加下届全运会，上大学（A3）。”投入训练：“我知道自己该练，很自觉，我们教练也敢放手。他说只要你正常训练，比赛就不会差（A6）。”对于优秀运动员而言，最终目标是向着世界冠军的领奖台迈进：“中国的短距离在世界上不占优势，但是我在努力去做，只有努力才会成功，我知道奥运冠军还很远，是我的目标，但是我在努力实现，当你站在领奖台上的时候，你会觉得之前的付出都是值得的。我现在比赛都希望自己赢，希望自己能够做得最好，因为做就做到最好，要么就不做（A6）。”A9道出了在最疲惫的时候对自己的激励：“你想，毕竟这条路是你自己选择的，练了那么多年了，就要努力做好，自己选择的路别让自己失望就行。”

营养补充或休息也能够缓解运动员倦怠症状。A6这样描述休息的作用：“我是那种抗疲劳能力差的人，比赛完了之后恢复比较慢，如果我比赛中有一个单项加一个接力比赛的话，那接力比赛通常都没办法发挥最好水平。所以有时候比赛很晚了我就会想快点回去休息。”

心理坚韧性是指运动员能够有效地克服压力，且在压力情境下能保持良好表现的心理特质（Clough，2002）。与教练员提倡的方式相同，运动员在克服倦怠时也采取坚持忍耐的方式，而这一点并未在刘方琳和张力为（2004）的研究中体现。A9描述了坚持忍耐在训练中的作用："累的时候必须得顶上去，往往就是因为可能两个人起点一样，但是过程当中他比你多坚持了一秒，你就是少了这一秒，在比赛中就输了零点几。比赛么，就是跟疲劳作斗争，累了就是顶上去，你才会得到你想要的。"当访谈者询问A7当时训练累到极致的时候自己怎么处理时，她的回答简单明确："很痛苦，坚持，忍，就过去了。"

此外，运动员也会采用沟通、自我谈话的方式，主动鼓励自己，提高自我效能感。A3描述了自信的支持作用："我还是对自己有信心，也有自知之明，世界冠军我不想，但全国冠军还是想过的，前3肯定想过，前8是肯定要进的。如果有一天我对自己没信心了就真是不会继续了。"A6也经常采用自我谈话的方式来缓解倦怠："自信来源于成功，我以前不是很有自信的人，我觉得自己很自卑，时常怀疑自己，这个时候我会跟自己说，你很厉害啊，你应该有自信啊。"

最后，运动员倦怠可能反复地出现，而先前有效的恢复措施能够帮助运动员在下一次倦怠出现时积极、有效地进行应对。A9谈到了学习先前的经验的作用："可能就第一次出现（倦怠）的时候就会想很多。现在就会想，之前也出现过这种情况，可能就是假象的疲劳，不想去游不想使劲儿。"

（2）适当回避

在编码的过程中，我们采用"适当回避"来表述运动员在感到疲劳却难以改变当前情况时采用一定程度的回避措施暂缓的行为。这种方式并非消极的回避，而是适当、适度的，其根本目的在于帮助运动员提高自身控制感。

6位运动员在访谈中谈到，教练员很多时候不会因为一个人的疲劳就调整训练计划，因此在训练中要时常自己掌握训练量："训练中如果特别累的话也会休息，但一般强度课的时候我会好好练，像是技术课或是陆上的话就辅助自己恢复（A5）""那次（比赛失利）之后就自己掌握（训练），然后就好了一些，主要是（因为）心态上的东西比你自己身体上的疲劳要复杂很多（A8）"。A10描述了受到外界评价影响后，自己采取的回避方式："其实（对于外界的评价）也没怎么处理，基本上就是听到的时候让自己尽量左耳朵进右耳朵出，还好我是没心没脑子的人，过后就忘了。"

此外，A8曾经采用请假的方式缓解："那段时间我就是发低烧，练不了，但是教练觉得不能休息，然后就让助教（帮我向教练）请假，后来检查是说鼻炎导致的低烧，我就只能天天请假。”

（3）寻求支持

除运动员自身和教练员的帮助外，访谈发现，社会支持也能在一定程度上缓解运动员倦怠，队医、助教以及亲友的帮助能够使运动员更好地面对逆境。运动员在疲劳后进行物理恢复，不仅能够减轻身体不适，也有助平复心情，缓解压力。此外，A8描述了助教作为与运动员年龄相近的师友，对自己的帮助：“这就是为什么我跟助教的关系一直到现在都特别好的原因，因为她也当过运动员，她知道那种（倦怠的）感受，然后我跟她说完之后，她确实觉得需要调整，然后她会帮我跟教练去讲，就是她在我们组之间还是有了一个很好的作用。”最后，在访谈中也有运动员谈到，自己感到倦怠的那段时间，是家人和朋友对自己的支持帮助自己渡过了难关。

（4）外部因素

有时，运动员在遇到倦怠情况时，无论是教练员还是运动员都没有很好的缓解方式，在经过一段时间的坚持忍耐后，外部环境的改变会帮助运动员改善心境、缓解疲劳。在访谈中，有2位运动员谈到自己的倦怠在高原训练后得到缓解：“在高原上突然没水（感），后来下了高原，马上要去比赛了，就告诉自己该开始好好练了，才又慢慢把感觉找回来（A1）。”“下高原前的训练也少很多，下来后机能也比较好了，有一些强度完成的都比较好，然后比赛也还行”。还有运动员提到比赛的胜利也有助缓解心理压力：“2010年亚运会（获得2个个人项目、1个接力项目冠军）以后就没事儿了，这种压力（第二名效应）完全都没有了（A8）。”

（三）讨论

本研究通过质性访谈的方式进行数据收集，总结了我国优秀游泳运动员倦怠的恢复措施，研究分别总结了教练员和运动员在倦怠恢复时的应对方式，发现教练员的应对方式包括提供支持、改变刺激、提高运动员控制感，运动员的应对方式为主动应对、适当回避、寻求支持和外部因素影响。比较前人研究结果发现，优秀游泳运动员在应对倦怠的过程中，积极心理因素的作用、重要他人的社会支持以及控制感的获得，是促进倦怠后恢复的重要因素。

第一，研究发现积极心理因素在游泳运动员倦怠后的恢复中发挥了重要作用。首先，在积极应对倦怠时，运动员倾向于增加投入的程度。运动员投入（athlete engagement）常被看作是运动员倦怠的积极对立面，由朗斯代尔（Lonsdale）等人（2007）提出，表示运动中一种持久的、积极的认知和情感体验。运动员投入以自信、奉献、活力、热情为主要特征。因此，运动员投入程度的增加有助运动员提高运动热情和自信，感受到更多活力，减少倦怠症状出现。其次，坚持忍耐是游泳运动员在倦怠情境下经常采用的应对方式，倦怠情况与心理坚韧性的水平有密切关系。姒刚彦（2006）提出的逆境应对理论，通过确认逆境、确定方法、实施训练和评价效果4个阶段来提升运动员在比赛中的心理能力，培养运动员心理坚韧性。研究发现，心理坚韧性水平高的运动员在压力情境下表现得更加自信、专注和果断，从而有更好的运动表现。最后，感恩在游泳运动员倦怠恢复过程中可能存在积极作用。麦克卡洛（McCullough）等人（2002）认为感恩是一种人格特质，指个体用感激情绪了解或回应因他人的恩惠或帮助，从而使自己获得积极经验或结果。叶绿（2013）研究发现，感恩能够促进运动员—教练员关系以及运动员投入。虽然本研究结果并未直接表明感恩与倦怠恢复的联系，但在访谈中运动员都表达了感激之情，包括对父母的关心、教练的指导，以及助教或队医的帮助。

第二，社会支持在游泳运动员倦怠恢复中也发挥了重要作用。本研究发现，在运动员倦怠情境下，教练员会提供社会支持，包括沟通、关心帮助、警告、提醒、鼓励、安慰。运动员也会主动寻求社会支持，包括物理恢复、助教介入以及亲友陪伴。德费斯和史密斯（DeFeese，Smith，2013）研究发现运动员感知到的支持系统有助于提高自我效能感和工作绩效。周毅刚和郭玉江（2007）发现主观支持、支持利用度、社会支持总分、领悟朋友支持、领悟其他支持、领悟家庭支持、领悟支持总分均与成就感降低存在显著负相关，而领悟家庭支持与情绪体力耗竭、运动负评价存在显著负相关。此外，就社会支持的来源而言，张（2013）的研究指出，领队、教练员、队内相关人员（队医、科研人员等）、家人、朋友及队友是中国运动员的6类重要他人。因此，当察觉到运动员出现倦怠症状后，重要他人应主动进行沟通交流，提供关心帮助。

第三，控制感在运动员倦怠恢复中的作用。毕晓婷（2005）研究发现，控制感的缺失是运动员倦怠的主要原因，且倦怠恢复措施通过控制感发挥作用。

心理控制源（locus of control）理论认为，与外控（external control）的方式相比，内控（internal control）的应对方式能够负向预测运动员的成就感下降。本研究证实了以上结论，发现提高运动员对训练活动的控制感是教练员的主要应对方式之一，包括提高内控的应对和降低外控的应对。运动员在倦怠情境下的主动应对行为，包括努力投入、营养补充和休息、坚持忍耐等，都是为了提高对可控事件（训练态度、身体状态等）的把握，而面对不可控事件（不合适的训练计划、外界的不当评价等）时，运动员会出现回避应对行为。恩德勒和帕克（Endler，Parker，1990）认为，回避应对是在认知和行为上避开应激源，例如做一些或想一些与应激源无关的事情。因此，适当的回避能够使运动员降低对不可控事件的关注度，避免倦怠症状的加剧。综上，心理控制源理论提示运动员，在倦怠情境下应积极关注和处理内控性事件，适当回避外控性事件的影响。对于教练员或管理者而言，也应给予运动员足够的控制感，提高运动员对训练活动的自主性。

（四）结论

运动员倦怠恢复措施包括教练员主导进行的以及运动员自主进行的两方面。对教练员而言，帮助运动员倦怠恢复包括提供支持（沟通、关系帮助、警告或提醒、鼓励、安慰），改变刺激（调整训练安排、变换训练手段、开展娱乐活动）和提高运动员控制感（给运动员自主权、传授调节方法）。对运动员而言，缓解倦怠的措施包括主动应对（投入、营养补充及休息、坚持忍耐、沟通、自我谈话、树立自信、经验学习），适当回避（自己调整、请假）、寻求支持（物理恢复、助教介入、亲友陪伴）和外部因素影响（下高原、比赛获胜）。

三、研究三　我国优秀游泳运动员倦怠的控制措施

至此，研究结果基本回答了前文提出的两个问题，即“游泳运动员的倦怠是由哪些因素产生”和“当前游泳运动员和教练员采取了哪些倦怠恢复措施”，揭示了我国游泳运动员倦怠的成因和恢复方式。然而，从实践上来看，若要为运动员倦怠的预防和恢复工作提供实践指导，我们不得不思考两个新的问题，即“如何减少运动员倦怠的出现”和“如何实施有效的倦怠恢复措

施”。对于运动员而言，不可避免地处在运动训练及项目要求的压力情境下，但本研究显示，运动员的重要他人——教练员、父母及队友为运动员带来了许多不必要的压力。从运动员倦怠的承诺模型出发，减少运动员倦怠、促进倦怠有效恢复的根本，是消除外界要求与运动员自身资源之间的不平衡。为达到这种需求平衡，我们认为教练员、运动员的家人以及运动员自身都需要采取一定措施，控制运动员倦怠现象的出现和发展。

（一）教练员

作为运动员训练中的主要激励因素，教练员应当通过调整训练计划、改变训练方式进行调节。教练员可通过吸收国内外先进的训练技术，保证训练计划的多样性，并为运动员设置一定目标，激发运动员训练动力。正确的动机和目标设置能够使运动员获得更多的内部动机、学习意愿，提高技术的掌握程度。就目标设置而言，教练员应当设置明确的、具有一定难度的目标。莱瑟姆（Latham）等人（2008）发现明确的困难目标比模糊的简单目标更能够激发优异表现。原因在于，如果目标轻易能够达到，就无法提供运动员足够动力，而有一定难度又可达到的目标能给予运动员更多的动力和成就感（Locke，Latham，1994）。

此外，教练员应当给予运动员充分自主性，减少运动项目对运动员的“套牢感”。“套牢感”是由于运动员付出了大量时间和经历，却没有获得成就感及奖励，也没有其他的替换选择能够改变这一境况时出现的感受。教练员应当在一定程度上允许运动员做决定，用他们认为适合自己的节奏和方式进行运动训练，对于有经验的运动员而言，应当有权利自己决定何时开始下一阶段的训练。教练员应当在适当时机给予运动员支持鼓励而非命令式的领导方式，这样不仅能够发挥运动员的主观能动性，更有利于减弱来自训练计划的压力感受。

（二）运动员父母

弗雷德里克斯（Fredricks）和埃克尔斯（Eccles，2004）的研究指出，父母对青少年运动员在运动中的社会化发展的影响作用显著。对棒球、足球、赛艇和网球运动员的调查显示，青少年运动员的早期专项化训练容易引起运动员倦怠和对项目的不满情绪。沃尔（Wall，2007）提出的运动参与的发展模型认为，参与多种项目运动的运动员的专业成绩更加优异。单维同一性发展和外在控制模型认为，运动员倦怠的主要原因是，运动员长期参与运动训练所导致的个人认同的单一性发展，以及运动员自我控制感的缺失，阻碍了运动员社会性、心理和生理的发展。因此，对于青少年运动员，父母应当帮助他们进行多样化训练，以积累不同训练项目的经验，减少倦怠症状和离队现象。

（三）运动员

把握压力情况以及掌握压力管理方法是减少倦怠的主要方法。第一，训练日记能够帮助运动员体察自己的压力感受，也能够帮助教练员了解哪些事情影响了运动表现，使运动员表现出倦怠或动力缺乏。考尔德（Calder，2003）研究指出，训练日记能够使运动员通过观察、记录自己对竞赛、训练和外部环境的感受，提高运动员的自主性和控制感。第二，掌握压力管理的方法包括增加应对资源以及培养压力管理技术。通过增加个人资源和环境资源的募集，如主动与教练员、父母进行沟通，积极寻求社会支持，能够促进运动员需求平衡，提高控制感，使其在应对压力情境时更加自信。

此外，培养针对训练和生活中问题的解决技术，也能够提高运动员的压力应对能力。谢弗（Schafer，2000）的应对模型提出了运动员压力应对的方法，包括转变压力源、适应压力源以及回避压力源。首先，运动员在确认压力源后，可以试图转变压力源，主动进行压力管理。其次，运动员应当主动适应压力源，努力投入训练，或是积极沟通，解决问题。最后，对于一些不能避免或是不能处理的事情，运动员可以进行适当的回避，也可提前对这种压力源进行管理，做好压力应对准备。

四、研究启示与展望

（一）研究启示

本研究运用质性的方法，针对我国优秀游泳运动员这一特殊群体，对运动员和教练员进行深度访谈，探讨了倦怠的成因和恢复策略。研究发现，优秀游泳运动员倦怠成因包括情境因素和心理因素。情境因素中以训练因素（生理疲劳、伤病问题、训练安排等）、组织因素（外界评价、队里忽视、同伴影响等）和生活因素为主，心理因素包括担心出路、金牌效应、缺乏信心、缺少激情。我国优秀游泳运动员倦怠恢复措施包括教练员主导进行和运动员自主进行两方面措施。教练员的措施包括提供支持（沟通、关心帮助、警告或提醒等）、改变刺激（调整训练安排、变换训练手段、开展娱乐活动）和提高运动员控制感（给予运动员自主权、传授调节方法）。运动员的措施包括主动应对（投入训练、营养补充及休息、保持坚韧性等）、适当回避（自己调整、请假）、寻求支持（物理恢复、助教介入、亲友陪伴）和外部因素影响（下高原、比赛获胜）。

通过对研究结果的分析，我们发现，我国优秀游泳运动员倦怠的成因和恢复呈现出一定特点。从倦怠的成因角度来看，其一，生理疲劳是游泳运动员倦怠主要成因之一。其二，组织因素对运动员倦怠造成的影响较为突出。其三，我国优秀游泳运动员倦怠的心理成因包括担心出路、金牌效应、缺乏信心以及缺少激情。在对倦怠的恢复措施进行考察时，我们发现，运动员投入训练、保持心理坚韧性和感恩在游泳运动员倦怠后的恢复中发挥了重要作用。此外，重要他人提供的社会支持有助于游泳运动员倦怠后的恢复。其四，控制感的提高在游泳运动员倦怠后恢复中的作用至关重要。

（二）研究展望

然而，本研究仍存在一定局限性。对于访谈而言，回顾性的数据收集方式可能存在结果的偏差。研究要求运动员或教练员回忆经历或者看到过的倦怠现象，研究效度可能受到运动员和教练员主观因素的影响。运动员可能更倾向将倦怠的原因归为外部因素，强调恢复过程更多依靠自己的力量，从外界得到的支持不足。而教练员可能更多地认为运动员倦怠是由其自身引起，运动员过分注重自身的感受而忽视了其他人在运动员倦怠恢复过程中发挥的作用。

此外，针对本研究中得出的结论，还需进一步地阐释。第一，组织因素是优秀游泳运动员倦怠的主要成因这一结论，能否推及其他运动项目，以及教育、医护等倦怠研究的重要领域，还需要进一步展开探索。第二，研究结果指明积极心理因素对运动员倦怠恢复的作用，然而，从质性研究资料中显现出的运动员投入、心理坚韧性、感恩等变量的内容能否与其概念本身相对应，以及变量中的不同维度在倦怠恢复中的作用是否相同，中介或调解过程的存在与否，都需要进一步开展量化研究进行解释。第三，已有研究发现控制感对运动员倦怠的作用，然而，如果要确定控制感的提升能够减少运动员倦怠的出现，或是缓解运动员倦怠，需要通过转变教练员的领导行为，或将具有不同领导行为的教练员指导下的运动员倦怠状态进行比对，开展实验干预研究，才能够更准确地阐释这一作用过程。

第三单元
训练过程中的社会因素分析

这一部分内容将目光转向训练过程中（以社会因素为主的）外部因素的影响作用，并尝试探索了运动员社会交往中的教练员与运动员关系，以及运动员天赋发展的社会历程等相关主题。如何理解教练员与运动员人际冲突及这种冲突可能带来哪些影响，是第一章所阐释的问题；针对某一特定项目，不同水平运动员的天赋是如何被发掘、改善和提升的，是第二章所关注的内容。

第一章 运动员社会交往

第一节 教练员与运动员人际冲突的概念

教练员在运动员的职业生涯中扮演着极其重要的角色，教练员与运动员关系也是运动员重要的组织压力源之一。当前研究以乔伊特（Jowett）团队提出的“3Cs理论”为主，即亲密性（Closeness）、共向性（Co-orientation）、互补性（Complementarity）（Jowett，2003），分别关注认知、情感和行为三方面，并开发了教练员与运动员人际关系问卷（CART-Q）。国内的研究分别对教练员与运动员关系的现状、性质、形成条件进行了探讨，并特别关注教练员的角色、领导行为和管理方式对教练员与运动员关系建立的影响，使研究不断扩展和深入，然而有研究者强调，当前存在忽视教练员与运动员关系的双向性、动态研究少、缺乏本土研究、质性研究少等问题，使研究较为静止和片面。此外，在这种特殊的关系中，有合作成功、相处融洽的范例，然而人际冲突也不可避免。人际冲突是关系双方的一种不平衡、不一致、不协调的状态。乔伊特针对教练员与运动员之间的人际冲突进行访谈，发现这种人际冲突表现为缺乏亲密性（lack of closeness）——孤立或苦恼、缺乏共向性（lack of co-orientation）——分离或争吵、非互补性行为（non-complementary behaviors）——敌对行为或无效支持。一项研究指出，教练员和运动员的偏执型激情能够正向预测二者的人际冲突（Jowett，2013），即拥有过于苛求、严格和刻板的激情类型的一方将导致人际冲突的出现。本研究试图对教练员与运动员人际冲突问题做出更加深入有效的探索，通过质性研究访谈归纳教练员与运动员人际冲突的原因、处理策略，以及和谐关系的关键因素，以求把握关系发展的重要影响因素，反映关系演变的全貌，提供关系优化的实践指导。

第二节　教练员与运动员人际冲突的实证研究

一、研究对象与方法

（一）研究对象

国家游泳集训队的5名教练员和10名运动员接受了访谈。为保证研究结果有效性，分别对不同性别、年龄、运动等级、执教年限或运动年限以及运动成绩的对象进行抽样。被试中男性教练员3人，女性教练员2人，平均执教年限为16年，男性运动员12人，女性运动员5人，平均年龄22岁，平均运动年限为15年。运动员中7人为国际级健将，3人为国家级健将。其中奥运会前三名有3人，亚运会前三名有2人，全运会前三名有4人，全运会前十名有1人。

（二）研究方法

质性研究采用自下而上的方式，从研究材料中总结、提炼理论，具有探索社会现象、对意义进行阐释、发掘整体和深层社会文化结构的作用。访谈是质性研究中收集资料的一种方法。这种方法将解释的或阐释的和描述的或现象的结合起来，描述个体如何面对生活经历。研究采取一对一的半结构式访谈，通过回顾教练员与运动员关系的研究进行访谈提纲设计，并在研究小组内进行讨论，确定访谈提纲。提纲包括3个问题：①您与教练员（运动员）合作多久，关系如何？②在合作过程中有没有发生过一些摩擦或人际冲突影响到你们的关系？③如果有，请叙述人际冲突的原因，采取了哪些应对策略，以及最后的结果。在访谈开始之前告知受访者他们的信息仅供研究使用并会被严格保密，访谈过程中注重受访者对事件以及自身的感受的描述，并关注访谈中的非言语信息。征得受访者同意后对访谈进行录音，平均访谈时间为37分钟。访谈后与受访者保持联系，便于整理记录时对不清楚的地方进行询问。

二、资料统计与分析

（一）资料收集

质性研究的资料整理与分析是指根据研究的目的，对所获得的原始数据进行系统而有条理的整理，然后，用逐步集中和浓缩的方法将数据反映出来，最终进行意义解释的过程（陈向明，2000），研究采用扎根理论的三级编码方式对质性资料进行分析。为减少信息遗漏，在访谈完成后的24小时之内完成录音到文本的转化，最终得到了43224字的文本，将整理完成后的文本发回给受访者，所有受访者均表示满意。资料分析运用QSR Nvivo 10进行。具体分析步骤包括：①访谈记录编码。将资料按照访谈者、访谈问题、访谈稿行数进行编码，5位教练员分别为C1—C5，运动员为A1—A5。例如A3-1-2-9，A3代表第3位受访运动员，1代表访谈提纲中第1题，2—9代表该题第2行至第9行的访谈内容。②开放式登录。阅读资料，对文本中的基本概念进行提取命名，划分类属。③关联式登录。发现和建立概念与类属、类属与类属之间的联系。在归纳类属时，研究者与一位运动心理学专家和一位具有运动队科研经历的研究者经过反复斟酌和讨论，最终确定各类属名称。在命名时，为最大程度还原受访者的内心感受，特别注重使用受访者自己的表述进行编码。

（二）可信性检验

一个定性研究的总体质量通常被称作是可信性，质性研究中常采用三角检验法（Triangulation）增强研究可信性，基本原则是从多个角度或立场收集对有关情况或数据的观察和解释，并把它们进行比较，以确保分析的真实一致性。可信性检验是为了尽可能避免“研究效应”的影响，“研究效应”即受访者在人为环境中可能表现得与平时不一样，导致研究效度的失真（陈向明，2000）。首先，研究者在国家游泳集训队进行了为期6个月的心理服务，在通过访谈探索研究对象行为动机的同时，运用观察法检验受访者的真实行为，将两者进行比较以保证效度。其次，受访者中包括成对的教练员和运动员，访谈中注意寻求双方对某一事件从不同角度进行的描述，如果发现描述有较大出入，便询问受访者进行澄清，以求得到对事件最真实准确的把握。

三、研究结果

（一）教练员与运动员人际冲突的原因及应对策略

开放式登录的目的是从资料中发现类属（categorization），对类属加以命名，确定类属的属性和维度，然后对研究的现象加以命名和类属化。在开放式登录的过程中，研究者力求全面、细致地登录所有意义单元，并归纳其相应的类属。

1. 教练员与运动员人际冲突的原因

通过对资料的分析与归纳，得到教练员与运动员人际冲突原因开放式登录编码37个，亚类属13个，类属5个（表3–1）。

表3–1　教练员与运动员人际冲突的原因

类属		亚类属	开放式登录
教练员（17）	消极情感（2）		看不起运动员（1）；偏爱个别运动员（1）
	消极行为（15）	批评打骂（9）	打骂运动员（4）；伤害运动员自尊（3）；在运动员已经尽力了的时候还批评运动员（2）
		缺乏沟通（4）	缺乏沟通（3）；把运动员的错误报告领导（1）
		管束过多（2）	赛前交待过多（1）；管得过多（1）
运动员（43）	消极情感（16）	逆反心理（5）	已经很努力了还要我怎么样（2）；叛逆期（1）；不愿被过多管束（1）；性格倔强（1）
		自我为中心（5）	有自己想法（4）；只考虑自己付出，不考虑别人付出（1）
		消极情感（4）	消极情感（4）
		忧虑情绪（2）	临比赛压力大（1）；担心未来发展（1）

（续表）

类属		亚类属	开放式登录
运动员（43）	消极行为（27）	训练态度不端（9）	发脾气罢训（5）；训练态度不端（3）；混日子（1）
		运动成绩不佳（5）	成绩长期不提高（4）；改技术成绩下降（1）
		生活纪律不守（5）	训练迟到（1）；恋爱问题（1）；夜不归宿（1）；喝酒（1）；熬夜上网（1）
		训练安排不适（3）	不适应教练员训练方式（2）；对教练安排有疑问（1）
		人际关系不良（3）	不愿沟通（1）；不听从指导（1）；不信服教练（1）
		意志力不足（2）	训练中最累的时候不能坚持（2）
外部事件（3）			赛前丢装备（1）；减体重（1）；别组转来的问题队员（1）

资料分析从认知、情感和行为的角度进行，消极的认知可能导致消极的情感和行为，继而引发人际冲突。结果显示，教练员与运动员人际冲突的原因主要为教练员或运动员不适当的情感或行为，其中以运动员的因素为主，占68%，教练员因素占27%，而外部事件也会产生一定影响。进一步分析发现，教练员与运动员人际冲突的最常见原因是教练员的批评打骂和运动员训练态度不端，张春青等也将这两点归为运动员的典型运动生涯逆境（张春青，2012）。在训练过程中，教练员和运动员都希望有好的表现，但由于各种原因，当运动员没有达到训练要求时，教练员可能过于急躁而批评、打骂运动员，行为过激时可能严重影响到运动员的情绪和心理状态，容易出现发脾气罢训的情况，A3–2–2–5："训练中，教练要求的成绩我反复多次没有达到，他就冲我发火，我已经尽全力了，没有力量推水抱水了，他却认为我没尽力，还骂我，打我，我觉得很委屈。后来教练说你不练了就走，我就起水，洗澡，回房间。"一位奥运冠军（A7–2–81–88）说："在我最累的时候，如果教练说'坚持！还有一个！'，我再累也会顶上去，但是如果他骂我说'你怎么回事！你看别的队员都游得这么好！'，我就立马甩手不游了。"此外，身处国家集训队的运动员，多数是对自己职业生涯有较高追求，教练员也愿意与其为了共同的目标积极配合，而一旦运动员出现训练态度上的问题，教练员对运动员的态度和评价就

会转变，C1–2–9–10：“国家队想混日子的运动员少，但是如果真的遇到这种运动员，你就回家反省，什么时候想好了什么时候再来。”

整体分析发现，运动员在情感上过于消极、对教练员的安排有逆反心理、思考问题以自我为中心，以及对比赛和未来的忧虑，行为上表现为训练态度不端、运动成绩不佳、生活纪律不守、训练安排不适、人际关系不良，以及意志力不足，都会对教练员的态度和情绪产生负面影响。对教练员而言，在情感上轻视或偏爱个别运动员，在行为上采取批评打骂的方式，与运动员缺少有效沟通，以及对运动员管理过严、交待过多，都可能引起教练员与运动员关系的偏差。此外，外部事件如赛前运动员意外装备丢失、减重期间教练员过度监督使运动员心情压抑，以及其他组有问题行为的运动员转来时与教练员存在心理隔阂等情况，也会左右教练员和运动员关系的发展。

2. 教练员与运动员人际冲突的应对策略

教练员与运动员人际冲突的应对策略的开放式登录编码24个，并归纳出亚类属6个，类属5个（表3–2）。

表3–2　教练员与运动员人际冲突的应对策略

类属		亚类属	开放式登录
教练员（20）	积极应对（17）	主动解决（12）	及时沟通（5）；讲道理（2）；根据运动员情况安排训练（2）；关心陪伴（1）；制定规定（1）；改变刺激：出国训练（1）
		自我反省（5）	反省自己（1）；多想运动员的优点（1）；没有原则性问题就行（1）；遇到好的运动员不容易（1）；目的是让运动员有出息（1）
	消极应对（3）	行为/心理回避（3）	不理会运动员（3）
运动员（18）	积极应对（17）	主动解决（11）	积极与教练员配合（3）；向教练员认错（2）；训练中游到要求的成绩（2）；说明情况（1）；及时沟通（1）；赛前交流（1）；寻求外部支持：向朋友倾诉（1）
		自我反省（6）	自我反省（5）；调整心态（1）
	消极应对（17）	行为/心理回避（1）	等时间冲淡（1）

（续表）

类属		亚类属	开放式登录
外部介入（2）			家长介入解决（1）；领队介入解决（1）

训练中教练员与运动员发生人际冲突在所难免，因此运用何种方式应对人际冲突显得尤为重要。通过资料分析，将压力应对方式分为积极应对（89%）和消极应对（11%），积极应对根据行为对象的不同，分为针对对方的主动解决（61%）和针对自身的自我反省（29%），消极应对即出现行为或心理上的回避（10%），有时外部力量的介入也能够缓解人际冲突。以上结果与大渊（Ohbuchi）等人研究较为一致，他们根据应对策略的不同目的进行分类，认为人际冲突可以通过决断、安抚、回避或第三方参与的方式得到解决（Ohbuchi，1999）。从表3-2中可以看出，不论是教练员还是运动员，发生人际冲突时大多数都能够采用积极应对的方式，只有少数采取消极应对。其中，教练员最常采用的积极应对策略为：①及时与运动员沟通，C5-3-29-31："这个时候你就需要静下心来，宁可放弃一两堂课或者是一小段时间，跟他进行一个短暂的、细致的、有效果的沟通，运动员是国家的财富，不能轻易放弃，跟他沟通可以让他讲讲心里话。"②向其传授道理，A8-1-39-40："她（教练员）有时候给我们讲一些道理，让我们明白怎么做事做人。"③根据运动员具体情况安排训练计划，C4-2-18-19："你不舒服，我陪你，不能练水上就练陆上，我根据你的情况给你合理安排训练。"而运动员最常采用的应对策略为：①积极的自我反省，A1-2-18："对于很多事情你不能反抗，只有接受，自己想明白后会成长。"②向教练员认错，或是通过与教练员的积极配合，达到训练的要求或目标，A3-2-8-9："我在全队面前给教练员承认错误……两三周过后，我就在训练中把教练要求的成绩游出来了，他比较满意，就慢慢跟我讲话了。"

受教练员和运动员双方的性格和处事方式影响，为寻求缓解和修复双方关系的有效途径，不同的教练员和运动员可能采取不同的应对策略。分析结果显示，教练员除了沟通、传授道理和调整计划外，也会采用关心陪伴、制定规定或是改变训练刺激的方式主动解决问题，采用多想运动员优点、淡化非原则性的问题等方式进行自我反省。运动员主动解决的方式包括自我反省、主动认错、积极与教练员配合，并努力在训练中完成教练设定的目标。此外，访谈发现除了积极应对和消极应对外，领队或家长等外部力量的介入也有助于教练员与运动员人际冲突的缓解。

（二）关联式登录结果——教练员与运动员人际冲突演变过程

开放式登录的结果能够展示教练员与运动员人际冲突发生的原因和应对策略，却无法准确把握教练员和运动员人际冲突的动态变化，因此，研究者在关联式登录阶段试图建立概念类属之间的联系，遵循质性资料分析中的因果关系和时间先后关系的原则进行分析，即对访谈者谈到的人际冲突事件的前因后果和发展脉络进行梳理，归纳教练员和运动员人际冲突演变的过程（图3–1）。

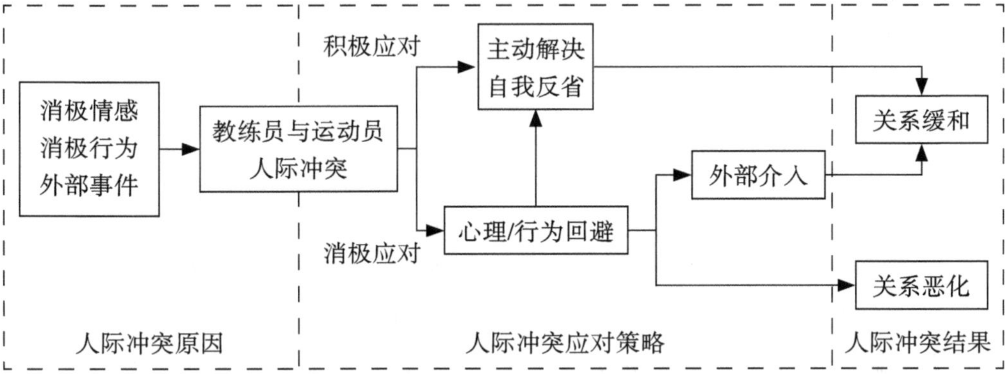

图3–1　教练员与运动员人际冲突的演变过程

对教练员与运动员的人际冲突原因进行梳理发现，人际冲突原因包括消极情感、消极行为和外部事件，应对方式包括积极应对和消极应对，其中积极应对体现为主动解决和自我反省，消极应对体现为心理或行为的回避。不同的应对方式将会产生不同的结果，如图3–1所示，积极的应对方式能够促进教练员与运动员关系的缓和，而一定时间的消极应对后，应对方式会发生演变，分为3种不同的结果：①主动解决或自我反省。关系双方或其中一方在情绪平复后，为保证运动训练的连续性，可能变消极为积极，采取主动解决或自我反省的方式进行处理，使双方关系实现缓和。A1–2–2–5："我赛前喜欢不被打扰，自己安静地、独立地想问题，教练给我的讲解可能我不会做出很好的回应，一开始教练不了解，会生气不理我（心理/行为回避），后来我与教练进行了沟通，说明我的想法，并用成绩证明自己处理方式的合理性（主动解决），教练员才能够了解（关系缓和）。”A7-2-26-29：“当时（闹别扭后）很生气，跟教练谁也没理谁（心理/行为回避），后来平静下来回想，那堂课的计划是针对我去定的，如果说我这堂课就这样过去，就浪费掉了，所以还是应该去游（自我反省），然后教练也变得对我好了（关系缓和）。”②外部介入。在人际冲突双方的回避过程中，外部力量干预也能促进关系缓和。A3-2-7：“有一次和教练闹别扭，互相不说话（心理/行为回避），后来领队知道了，觉得是我不对，让我在全队做检查，当面给教练承认错误（外部介入），缓了大概一周时间后，就和以前一样了（关系缓和）。”③关系恶化。长期的冷战会拉远教练员和运动员之间的心理距离，进而对对方失去信心和期望，造成关系的恶化。C1-2-19-20：“如果你（运动员）觉得你成绩不好是教练员的问题，你的思想有波动，那么训练就变成是一种互相给面子的勉强维持（心理/行为回避），意义不大。一般我们要是有这种情况的话就不带了，换人（关系恶化）。”

进一步分析发现，教练员与运动员人际冲突的应对过程具有选择性和积极性，选择性体现在冲突发生后，双方能够选择积极或消极方式进行应对，且消极应对出现后，仍能够选择积极策略以及外部力量的介入促进关系的缓和，积极性体现在整个人际冲突的演变过程有向关系缓和趋近的倾向，如图3-1所示，各有两条途径能够促进积极应对方式的出现以及关系缓和的结果，说明无论是立即的积极应对、消极应对缓和后的积极转变，还是外部力量的介入，都对人际冲突的演变起到了积极作用，只有一味地消极应对、无外部介入解决，才会导致关系的恶化。

四、研究不足

首先，回顾性数据收集方式可能产生偏差。研究运用访谈法请被试回忆与教练员（运动员）之间发生的一次印象深刻的人际冲突经历，但由于受访者总是选择性记住自己主观愿意记住的内容，忽视内心抵触或不愿接受的内容。在访谈中发现，60%的教练员认为人际冲突是因为运动员引起的，如教练员认为“他（运动员）关键时刻的坚持上还做得不够”（未理解运动员无法坚持的原因）、“只考虑自己多辛苦，不考虑别人多辛苦”（未体会运动员的疲惫），10%的运动员将人际冲突发生归结为教练员的责任，如“他（教练员）要求比较严格，跟我们沟通很少”（未考虑自己应主动与教练员沟通）、“教练员在我很累的时候还骂我游得不好”（未理解教练员其实是希望运动员挑战极限，取得突破），虽然以上结果与编码结果——人际冲突多是运动员引起相一致，这种探寻的方式仍可能导致研究资料因被试的记忆问题而出现偏差。其次，为保证深入和动态收集研究资料，质性研究对象选择较单一，是否能够将研究结果进行外推值得商榷。有研究者认为，质性研究的“外部推论”可以通过建立有关理论或寻求对研究结果的认同来完成。研究阐释教练员与运动员人际冲突的现象，揭示了演变过程，提供了在理论层面进行推论的可能，而对于研究结果是否能够揭示更大范围内教练员与运动员人际冲突的共同问题，需要后续研究进行更深入的检验。

五、研究小结

教练员与运动员人际冲突的原因分为消极情感和消极行为，教练员的消极行为又包括批评打骂、沟通缺乏和管束过多。运动员的消极情感包括逆反心理、以自我为中心、消极情感和忧虑情绪，消极行为包括训练态度不端、运动成绩不佳、生活纪律不守、训练安排不适、人际关系不良和意志力不足，这一过程也可能受到外部事件的影响。教练员与运动员人际冲突的应对策略包括以主动解决和自我反省为主的积极应对，以及以行为或心理回避为主的消极应对。通过对资料的进一步分析发现，教练员与运动员人际冲突演变是具有选择性和积极性的过程，即便是消极应对也能够在之后转变为积极应对，进而缓解人际冲突，这一研究结果能够为教练员和运动员缓解人际冲突提供有益参考。

第二章 运动员个人发展

第一节 运动员运动天赋发展的意义与价值

运动技术的快速发展推动了体育竞赛的竞技水平，优秀运动员优异成绩的获得与长年系统的训练密不可分，但运动员运动天赋的发展也不能被忽视。天赋发展是为运动员提供最适当的环境，以激发他们的学习和表现，帮助他们发挥自己的运动潜能。世界各国体育科研团队均在探索竞技体育人才发展的最佳方式，目前对运动天赋的研究视点和角度多停留在天赋发掘的层面，而对运动天赋发展的研究较为少见。运动天赋的发展是优秀运动员培养的全过程，优秀运动员的培养是一个长期、复杂的塑造和身体加工的体系。天赋的发掘就是把先天条件优越、适合从事体育运动的人才从小选拔出来，对其进行系统的培养，并不断地检测其成长过程。人体机能方面的各种性状，直接影响运动能力的发展水平，运动能力的高低又直接关系到运动员掌握运动技术的速度和可能达到的最高水平。鉴于此，运动员天赋发展值得深入探讨，而运动天赋转变为运动技能过程中的规律和特征则是本章探讨的重点。

本研究选取不同运动水平运动员天赋发展为研究对象，从选材学和训练学的角度出发，归纳和总结了不同运动水平运动员天赋发展过程中的规律和特点，并结合相关理论分析其发展过程中存在的问题，进而提出运动员天赋发展的路径，为运动员的成长提供新的规划，指导运动员进行科学的选材、参训和参赛，以期为我国运动员的培养提供支持和服务。

第二节 运动员运动天赋发展的研究现状

天赋通常被定义为天生的（先天的）能力，是指早期发现的、可能导致未来专业技能发展的能力和品质（Howe，Davidson & Sloboda，1998）。运动天赋发展是为运动员提供最适当的环境，激发他们的学习和表现，帮助他们发挥自己的运动潜能。通过对公开发表的关于“运动天赋”的成果进行检索和统计分析，钟秉枢在《从非运动员到运动员：运动天赋的展现》一文中提出能否进入优秀运动队的关键是运动员在业余训练或体工队试训期间是否表现出运动天赋、运动潜力或取得初步的运动成绩。冯永泉在《剖析“运动天赋”与“体育之路”的矛盾与统一》一文中提出学生报考体育与学生有无运动天赋、能否走体育成才之路的矛盾性与统一性问题。结果得出，学生选择报考体育之路，跟运动天赋没有必然联系，只与学生志向有关，但具有运动天赋的学生，更会受到高校体育教师的欢迎。左威在《论博尔特的运动天赋与勤奋》中深入查阅了有关文献资料，并联系博尔特的天赋条件、勤奋与自信，以及科学的训练，加以分析与解读。现实证明，以人为本，用科学发展观，凭着“天赋+勤奋”，以及接受科学训练，即可作为实现目标的保证。徐来祥《运动天赋与科学选材和训练》中提出首先应认识到运动天赋是创造最佳运动成绩的关健，在全面掌握运动才能遗传的基础上，精心选材，从数以百万计的儿童少年中选拔出运动天赋极高的苗子。然后依据运动天赋表现的阶段性、特异性，进行科学化训练，为天才的成长提供理想的环境条件，最终创造出最心仪的运动成绩。季敦山在《运动天赋与运动选材相关研究》一文中指出，选材是训练成功的基础，确立科学合理的选材指标体系是科学选材的保证和前提，运动能力的遗传学规律为运动员的科学选材提供了理论依据，教练员可以根据不同专项运动员对运动机能的不同要求，将那些具有从事某些运动特殊天赋的少年儿童选拔出来，并给予科学的训练，使他们先天的能力得到充分的发挥和发展。杜会娟等在《试述黑人的运动天赋》一文中提出从人种学、黑人的生理学因素、黑人的社会学因素等方面，综述分析了黑人运动员的运动天赋及其由来，有助于了解黑人运动员在运动场上优异表现的根源。仝敬平在《基于 Ex AC 数据库分析运动天赋基因多态性位点在不同种群中的分布频率》中利用 Ex AC 数据库中等位基因发生频率数据，分析世界各地不同人群运动天赋基因多态性位点发生频率的分布情况，发现Ex AC、1000Genomes 和 GO-ESP 数据库运动天赋基因多态性分布基本一致，非洲人群在耐力相关基因（GNB3、IL15RA、ITPR1 和 PPARGC1A）和爆发力相关基因（ACTN3、IGF1R 和 MCT1）的相应多态性位点发生频率显著高于其他人群。

综上所述，已有对运动天赋的相关研究较多，可以看出此范畴主要研究方向在于从不同角度对于运动天赋的发掘和识别，但对于运动天赋识别后的发展研究相对较少。运动天赋的发展是运动员成材过程中的重大问题，运动员天赋发展的目的是培养出更优秀的运动员，相关研究的匮乏导致无法深层了解运动员天赋发展的情况，所以，归纳和总结运动员天赋发展过程中的规律和特点，系统、准确地掌握运动员运动天赋的现状，才能为科学发展运动天赋提供理论基础。

第三节　篮球运动员天赋发展的实证研究

一、不同运动水平篮球运动员天赋被发掘方式特征

篮球运动是一项集体性项群运动，意在运用手段策略，在对方队员防守的情况下，把球投入对手的球篮中，并计算双方最后得分的多少来决定最终胜负的运动项目。我国青少年篮球业余以及专业运动员如何正确及时地发掘天赋这一问题尤为重要，直接影响到国家后备力量能否超越世界先进运动水平，影响运动员本人是否能在此领域创造个人的辉煌。在适当的范围内，想要取得优异的比赛成绩往往离不开有一定天赋的青少年，因此，本研究重点在于运动员的选材及其后续发展培养，拟通过6～18岁不同年龄的专业以及非专业篮球运动员进行调查，分析运动员天赋发掘的影响因素。

（一）专业篮球运动员天赋发掘方式特征分析

青少年校园篮球近年来在我国不断发展和提高，吸引了越来越多的青少年参与到篮球运动中来。根据调查，篮球为河南省郑州市学生最欢迎的运动项目，青少年对球类运动的喜好程度远远超过田径、体操、武术等。青少年们的偶像多数也为现如今的篮球运动员们。很多同学也有着丰富的篮球知识和技术，这就对业余青少年篮球项目的教练员提出了更高的要求。

篮球运动具备长时间、强对抗、高注意力集中、高耐力与大体能消耗等特点，特别是专业篮球运动员。这提示在对青少年篮球运动员选材方面要注重青少年是否具有在身体形态、生理机能、身体素质、心理素质、智力能力等方面的优势特征。

表3-3中专业运动员天赋发掘特征显示，测量身体形态机能指标占84.61%；基础技术考核占61.53%；询问家族史占46.15%；目测，经验为主占38.46%；测骨龄占30.76%；文化课占23.07%。运动员强壮的身体是其在篮球比赛中持续完成高强度对抗下的进攻和防守任务的重要保障，对运动员进行身体形态机能测量，大部分教练员可以熟练运用，简便易行。再通过运动员自身情况进行测定，得到较完整的测量结果后展开后续的训练工作；基础技术考核一般用于对运动员技术掌握的情况进行检验，教练员通过测试结果获得对运动员进一步的了解，有利于对运动员制定相关年龄技术阶段相应的训练方案；对运动员家庭情况的了解也是教练员从另一个方面了解运动员是否具备良好条件的一种方式，家庭情况为运动员日后从事篮球训练打下了基础，这一先天因素尤为重要。在同一条件下，相比普通运动员，先天条件好的运动员总是能更轻松地取得成绩，先天因素对篮球运动员影响较大并起主导作用。

表3-3　河南省专业及业余运动员天赋发掘方式特征情况一览表（n=179）

选材指标	业余（%）	专业（%）
测量身体形态机能	68.54	84.61
测骨龄	20.08	30.76
询问家族史	57.62	46.15
生理机能测试	38.13	15.38
基础技术考核	24.74	61.53
目测，经验为主	82.01	38.46
文化课考核	13.04	23.07
其他	30.19	0

（二）业余篮球运动员天赋被发掘方式特征分析

表3–3中显示，业余以及专业运动员天赋发掘特征方式中，业余运动员测量身体形态机能占比68.54%，测骨龄占比20.08%，询问家族史占比57.63%，生理机能测试占比38.13%，基础技术考核占比24.74%，按教练员经验占比82.01%，文化课考核占比13.04%，其他中占比30.19%。从这些数据中可以看出对于业余篮球运功员天赋发掘中测量身体机能、询问家族史以及教练员经验两方面占比较大，这也就显示了挑选有天赋的业余篮球运动员的教练们更多地是对青少年的外观体形，即运动员身高、体重、腿长、臂展等基础指标得出运动员的测量数据。通过对一些直接简单地反映运动员身体素质的数据进行分析，便于教练员初步选出身材高大并适合篮球运动的青少年进行培养。询问家族史则有利于教练员分析该青少年后期是否可以更好地发展，这种对于天赋的发掘方式可以快捷迅速地初步挑选业余运动员。生理机能测试、测骨龄占比较少是由于这两项方式特征的所需成本较高，在业余运动员选拔中，一是教练员多以培养学生爱好兴趣为目的，二是经费场地专业人才的缺少，这些都有可能导致这两种选材指标使用比例的降低。

二、不同水平篮球运动员始训年龄、始训原因特征分析

（一）不同运动水平篮球运动员始训年龄特征分析

青少年时期的生长发育是人成长过程中的关键时期，青少年在该阶段的适当年龄参与训练关系到一个运动员将来参与比赛技术水平的高低。对此更应该抓住恰当的时期通过积极有效的科学训练来提高青少年篮球运动员的身体素质、体能体格以及基本功练习、技战术熟悉程度。青少年篮球业余训练同样是青少年体育的重要组成部分，是学校体育的必要环节、是后备人才培养的重要形式、是全民健身的重要基础。因此，本研究对青少年始训年龄开展了调查。

1. 专业篮球运动员始训年龄情况分析

表3-4中专业篮球运动员始训年龄调查数据显示：6岁以前开始正式训练比例为0；始训年龄6～8岁的专业篮球运动员占比为3.2%；始训年龄9～11岁占比18.18%；始训年龄12～14岁占比54.54%；始训年龄15岁以后占比24.08%。

表3-4 不同运动水平篮球运动员始训年龄调查一览表（n=179）

始训年龄	业余（%）	专业（%）
6岁以前	11.11	0
6～8岁	25.92	3.2
9～11岁	15.51	18.18
12～14岁	7.4	54.54
15岁以后	40.06	24.08

表3-5中篮球运动员到达主力水平年龄情况调查结果显示：男性篮球运动员16岁及16岁之前达到主力水平占比较少，为10.12%；17～18岁占比最多，达69.54%；18岁以上占比20.34%。女性篮球运动员16岁及16岁之前达到主力水平占比19.43%；17～18岁占比最多，达70.12%；18岁以上占比较少，为10.55%。由此可见，专业篮球运动员普遍在17～18岁的专业水平会到达最高。

表3-5 篮球运动员到达主力水平年龄分布情况（n=81）

年龄	男（%）	女（%）
16岁及以下	10.12	19.43
17～18岁	69.54	70.12
18岁以上	20.34	10.55

根据表3-6调查结果分析显示：在调查的81名篮球运动员基础训练的时间里，男性专业篮球运动员的训练时间平均在6.3年，女性平均在4.8年。但调查显示运动员的训练年限大都在3～7年，这中间的年限差异较大。经过分析调查原因有以下两点：一是大部分运动员在正式参加篮球训练前就参加了其他运动项目的训练；二是运动员篮球训练的早期专门化。通过对表3-6分析发现，运

动员到达峰级水平与始训年龄有关。对运动员始训年龄与达到主力水平的年龄进行了相关分析，在上述年龄范围内，开始篮球训练的年龄越早，运动员达到主力水平时的年龄就相应提前，一般训练年限范围在3～7年。这也要求教练员要充分把握好运动员训练的增长期的有效年限，合理科学地安排训练项目，使运动员把自身的机能、技术得以充分发挥与运用，取得优异的运动成绩。

表3-6　专业篮球运动员成长训练时间分析情况

性别	基础训练时间（年）
男	6.3
女	4.8

2. 业余篮球运动员始训年龄情况分析

表3-4显示，业余篮球运动员开始初次训练年龄在6岁以前占比11.11%；始训年龄6～8岁占比25.92%；始训年龄9～11岁占比15.51%；始训年龄12～14岁占比7.4%；始训年龄15岁以后占比40.06%。表3-4数据显示业余篮球运动员始训年龄偏早，6～8岁少儿参与训练一般为家长为锻炼儿童的身体素质而报名参加课外辅导班，通过篮球课外辅导班锻炼孩子的体能，使少儿的身体各机能能够更好地发育。9～11岁青少年正处于一个学习能力、反应能力、节奏平衡、速度爆发力快速上升的时期，此阶段也有较多的家长希望孩子多参与户外运动以促进身体发育。12～14岁正处于小学阶段毕业以及初中时期，学生的学习负担过多，较少有精力参与业余的篮球训练，初中即将面临中考，定性应试校园篮球训练在一定程度上使学生丧失了对篮球的热爱程度。15岁以后青少年处于独立意识阶段，有自己明显的喜好表现，此阶段业余训练人数比例上升，一方面是学生自己的兴趣爱好，网络的介入使学生喜爱的美国职业篮球联赛、CBA职业篮球比赛中的运动员成了多数学生心目中的明星。处于青春期发育的少年儿童们也乐于在运动场上表现自我。另一方面是国家政策，取得二级运动员证书有利于学生升学。

（二）不同水平篮球运动员始训原因情况分析

同一种运动的不同运动员其刚开始参加训练的原因千差万别，运动员自身的动力因素与外界因素导致了一部分运动员出人头地，一部分运动员早早没落。动机，是主体自主发出的可以引起、发动，并能持续做功、到一定节点仍可强化主体自发的行为活动，可以不断推动该活动并将其引向某一目标。外界因素对一个人的行为也存在着一定的影响，如家庭因素、环境因素、社会因素等。外界的不断要求也会使主体去参加某一活动，除了外界对运动员的影响之外，更多的是青少年自身是否适合并喜爱篮球运动。对篮球运动的兴趣和爱好是他们开始投入训练的最实在的因素，对其开始参加训练的原因和情况进行分析，可以针对性地提出措施，有利于教练员对不同水平运动员的心理、行为进行掌控，从而提高运动员的积极性，达到更高的技能水平。

表3-7调查显示，个人兴趣促使业余运动员开始参加训练占81.84%，促使专业运动员开始参加训练占68.18%，多数人参加训练前是通过观看美国职业篮球联赛等明星篮球赛而对篮球运动产生了浓厚的兴趣，促使业余运动员学习篮球技术，并通过自身努力进入训练队进行专业化篮球训练。因此，兴趣成了业余运动员进入专业队训练的重要因素之一。同时，学校体育校队也是促使运动员参加专业训练的重要因素之一，调查结果显示，业余运动员和专业运动员因为校队选拔从而开始参加训练的人数分别占29.63%和27.27%，学校体育的蓬勃开展，促使各中小学都纷纷建立了自己的学校代表队，以此参加校际间的比赛。因此，这也是对运动员从事运动项目的启蒙，更是为以后的训练打下了坚实的基础。

表3-7　不同运动水平篮球运动员始训原因情况一览表（n=179）

训练动机	业余（%）	专业（%）
个人爱好	81.84	68.18
家长期望	21.22	13.64
校内选拔	29.63	27.27
升学	22.22	90.91
进入职业篮球队	25.93	27.27
挑战自我体验成功	55.56	31.82
教练员选拔	7.41	50

教练员对于篮球运动员的选拔也是运动员初次开始参与训练的因素之一，根据调查研究，业余运动员因为教练员选拔初次参加训练的占总人数的7.41%，而专业运动员占总人数的50%，由此可以看出，多数专业运动员在开始训练前是根据教练员选拔而开始的运动生涯，教练员通过观察，选择其身体素质良好、弹跳力好以及思维灵敏等适合篮球运动的运动员开始参与训练。因此，专业运动员因为教练员选拔而开始参加训练人数较业余运动员多些。

同时，表3-7显示还有一部分篮球运动员在开始参加训练前是想通过高超的篮球技术获得升学的机会，在文化课基础不太好的情况下，通过体育加分，帮助其考上中学或者大学。业余运动员为了升学而开始参加训练的人数占22.22%，专业运动员为了升学而开始参加训练的人数则高达占90.91%。寻找升学出路是很多运动员选择进入运动队的原因，国家政策对于取得二级运动员或一级运动员证书的篮球运动员们在升学考生中有政策优惠，多数在体育方面有一定天赋，但学业较差的青少年选择了体育道路。身高臂展一直都被当作为重要的选材指标，作为身体形态中的一部分多数来自的先天遗传，所以选材中各种的身体素质一直以来被认为是首要条件。

表3-8数据显示，与业余篮球运动员的比值恰好相反，始训前专业篮球运动员无明显特长的比值较小，为37.89%，跑步速度快、身高腿长臂展长、弹跳力强为个人优势的占比分别为42.11%、75.34%、50.91%，其中身高腿长臂展长为主要的个人优势，这也反映了在大多数专业教练员选材中，注重运动员第一外貌特征的较多，身体素质、体能技能有明显优势是成为专业运动员的前提。业余篮球运动员在开始训练篮球专项前没有明显特长的占64.07%，跑步速度快占29.93%，身高腿长、臂展上有过人天赋的占比27.27%，弹跳力强占22.22%。业余篮球运动员始训前无特长人数数值较大的原因是业余篮球运动员并不以升学进入专业球队为主，多数为兴趣爱好。业余球员在平时的对抗训练中，对个人明显篮球方向特长要求较小。但在多数训练前无明显特征的运动员也出现了在训练后不断显露的隐形特征，在李恩荆《影响儿童少年运动能力的形态与机能发展特征研究》一文中提到对于处在生长发育期的儿童少年的运动天赋发展规律的判读，更多的是通过直接测试某项素质而得到的，忽略了仅仅作为人体机能的运动能力的外显表现，其运动能力特征的最终表达受制于人体生理机能水平的直接作用与影响。若想开发出青少年儿童最终能力，还需要多

年对天赋的发展。这也就要求教练员在选拔青少年参与篮球运动时，更应该做好篮球运动员家庭情况的摸底。家长中优秀运动员的基因中其50%以上的人都会运动能力方面有着较突出的表现，其表现形式并不固定，需要教练员在运动员选材时有科学专业的知识与深刻的理解。并从运动员的身体、心理、生理等以下几点充分考虑进行选材。

表3-8　不同运动水平篮球运动员始训前个人优势情况一览表（n=179）

天赋特长	业余（%）	专业（%）
无特长	64.07	37.89
跑步速度快	29.93	42.11
身高腿长、臂展长	27.27	75.34
弹跳力强	22.22	50.91

三、不同水平篮球运动员取得运动成绩的年龄及形式特征

青少年篮球运动的重要组成部分就是竞赛，竞赛作为竞技体育内部运转和协调的向导在建设后备力量这一方面，发挥着至关重要的作用。取得运动成绩的年龄以及形式是检验训练质量和提高球队运动水平的有效途径。通过分析不同运动水平篮球运动员初次取得比赛运动成绩，可以为教练员进行科学训练提供保障条件，也为运动员提高训练水平提供参考。

由表3-9可以看出，河南省青少年专业篮球运动员初次取得成绩的年龄多集中在13～15岁占比为54.55%，7～12岁占比13.64%，16～18岁占比27.27%，18岁以上占比较小为4.55%，业余篮球运动员初次取得成绩的年龄多集中在7～12岁，占比为40.74%；13～15岁与16～18岁占比各为14.81%；18岁以上占比29.93%。相同的是，此次调查专业与业余篮球运动员在7岁以下均没有初次取得运动成绩，业余篮球运动员初次取得运动成绩的年龄较专业篮球运动员早一岁左右，也符合我国现在篮球发展的趋势，也就是低龄化，在小学低年级甚至学前便接触篮球训练，既能锻炼身体，让现在的孩子有一个健康的身体，又能更早地掌握篮球本领，在篮球专业的道路上赢在起跑线上。总之，必须从小抓起，多年系统训练，才不致错过最佳年龄区。

表3-9 不同水平篮球运动员初次取得运动成绩年龄现状调查表（n=179）

年龄	业余（%）	专业（%）
7岁以下	0	0
7～12岁	40.74	13.64
13～15岁	14.81	54.55
16～18岁	14.81	27.27
18岁以上	29.63	4.55

如表3-10所示，在调查的179名不同水平篮球运动员初次取得运动成绩形式中可以看出，业余篮球运动员初次取得运动成绩的比赛规模多为校级、社区俱乐部形式，占比分别为55.56%、22.22%。相比较专业运动员初次比赛规模，专业运动员多为地市级与省级比赛，占比分别为40.91%、30.91%。这也就显示了专业运动员的初次比赛规模较正式，更能达到高层次的专业化水准，而业余运动员的初次比赛起于一些自发组织的篮球交流赛，更多情况是由于没有专业的教练员带领，业余篮球运动员很难参与正规的篮球联赛。由此可见，若我国青少年篮球运动不断发展，需要社会各方面增加专业性质比赛，为更多的喜爱篮球运动的青少年们提供比赛机会。其余业余篮球运动员初次规模在县级、地市级、省级的比赛占比分别为11.11%、7.42%、3.7%，专业篮球运动员参加校级、社区及俱乐部、县级性质的比赛占比分别为9.09%、10%、9.09%。这也符合了篮球运动员的成才规律。而全国及全国以上性质比赛规模分别为0，显示了我国对篮球人才培养的正确客观层递性。

表3-10 不同水平篮球运动员初次取得运动成绩形式调查表（n=179）

规模	业余（%）	专业（%）
校级	55.56	9.09
社区或俱乐部	22.22	10
县级	11.11	9.09
地市级	7.42	40.91
省级	3.7	30.91
全国性质及国际级	0	0

四、不同水平青少年篮球运动员对自身运动水平的预期特征

预期目标的制定，不管是对训练，还是对学习和工作，都有十分重要的意义和作用，它是我们不断努力的动力，时刻鞭策着我们进步。有了明确的目标，运动员在训练的过程中才能保持持久的热情，才能有良好的训练效果。通过调查发现，无论是专业的青少年篮球运动员，还是业余训练的青少年篮球运动员，他们对自身预期运动水平都可归结为自身训练的成就动机因素。

（一）不同水平篮球运动员个人预期目标特征

成就动机能够决定个人的行为导向。不同文化下的不同个人因为种种因素会表现出迥异的成就动机强弱程度。对不同水平篮球运动员成就动机实施调查，对其个人预期能力进行分析，可更好地分析运动员的心路历程，促进技术能力快速提升。

表3-11数据显示，业余篮球运动员对自己水平预期到达二级运动员的占比为29.63%，到达一级运动员占比25.93%，健将级别运动员占比11.11%，健将及以上更高水平占比18.52%。已很满意无需增长的占比14.81%。据调查，业余篮球运动员都普遍是没有取得过运动员等级证书的，一般自己的成就目标比自身所处水平等级高一到两个等级，表现较为积极的运动员在训练比赛中都可以表现出很强的努力程度。业余篮球运动员在进行篮球运动时，大多数青少年对自己的要求仅是能够在篮球场上有基本的运球技巧和投篮技巧，或能达到教练所制定的考核要求，影响青少年训练水平得不到提升的除自身原因以外，家庭因素、学习时间的冲突使业余球员在篮球运动上投入的时间有限，以致他们中的大部分人达不到自己的预期目标。还有一个重要原因是受篮球场地器材的限制，训练场地器材是篮球运动训练中最为基本、重要的因素之一。

表3-11　不同水平篮球运动员成就目标情况一览表（n=179）

成就目标	业余（%）	专业（%）
已很满意无需增长	14.81	18.18
二级运动员	29.63	0

（续表）

成就目标	业余（%）	专业（%）
一级运动员	25.93	63.63
健将级运动员	11.11	4.55
健将以上更高水平	18.52	4.55

经过调查研究，专业篮球运动员中，有81.82%的二级及二级以上运动员，其个人期待是自身水平达到比现阶段更高的层次，他们从事体育运动的时间较业余篮球运动员更长而且专业性更强。由于专业运动员身体素质及其对运动技术的领悟能力等方面的优势，他们在掌握运动技术方面的能力比业余篮球运动员强很多，更能在学到了新技术或是在突破了某一难度训练时感到快乐，更能产生成就感。比起业余篮球运动员，他们会投入更多的时间和精力到篮球的学习和训练中去。根据分析得知，无论是业余篮球运动员还是专业篮球运动员，他们对自身水平预期都是比现有层次高一等级的，这些成就目标往往会激励运动员们抱着更加热情的态度参加训练。

（二）外界因素对不同篮球运动员水平提升的影响

运动员们较高的成就目标是推动他们前进的力量源泉，但在达到目标的过程中仍有较多不可控的因素，通过对不同水平篮球运动员现阶段训练情况的调查，以及对运动员们所期待的环境调查分析，找出制约业余和专业运动员训练水平提高的因素，为教练员进行科学训练提供保障条件，并为运动员提高训练水平提供参考。

表3-12显示，51.85%的业余篮球运动员认为当前的训练并不能使自己的能力再有所提升，但这与表3-13中多数运动员对自己有较高的成就目标产生了出入。展开调查得知，运动员多数达不到个人所期待的能力水平，主要原因是学习时间与训练时间冲突、场地不足、比赛机会少，分别占48.15%、77.41%、55.93%。说明场地不足这一因素较为重要，业余篮球运动员认为当前条件的训练并不能满足他们自身成就目标的要求，篮球训练场地器材等硬件设施的建设是衡量一所学校办学水平的重要标志，也是学校领导是否重视和发展篮球运动的风向标。高质量的篮球场地、设施器材已经成为保证篮球运动竞技水平稳步

提高的一个重要外在条件。由于篮球运动是团队型运动，一个篮球场地可能被一些技术较高的参与者占场，而能够用于公共体育课篮球教学的场地却无法与上课人数成正比，常常是多个人同时使用整片篮球场，这样的人均场地完全无法达到学习、掌握全方位篮球技术以及技战术配合的要求。很多学生在经过一个学期的篮球课学习之后还不能进行小范围的对抗性练习，这样便降低了他们对于篮球运动的兴趣和继续下去的信心。另外是社会对业余篮球运动员的关注度较低，业余篮球比赛组织较少，业余爱好者得不到参加专业性比赛的参赛机会。

表3–12　现阶段训练对不同水平篮球运动员影响情况一览表（n=179）

等级	业余（%）	专业（%）
无变化	51.85	27.27
二级运动员	29.63	18.18
一级运动员	11.11	45.45
健将级运动员	7.41	4.55
健将以上更高水平	0	4.55

表3–13　外界因素对不同水平篮球运动员影响情况一览表（n=179）

等级	业余（%）	专业（%）
家庭因素父母不支持	7.41	17.89
学习时间与训练时间冲突	48.15	66.36
设施器材不到位	21.11	9.09
场地不足	77.41	18.18
比赛机会少	55.93	56.36

而专业篮球运动员在其个人预期成就值与现阶段训练影响方面数值较吻合，普遍认为当前的训练条件可以使自身通过训练达到某一预期水平，根据调查显示外界因素影响专业篮球运动员能力提升的主要方面在于学习时间与训练时间的冲突，占比66.36%。调查对象基本上是处于中学阶段的学生，对于高考升学的压力是不容置疑的，尽管已取得的运动成绩在升学方面有一定帮助，但文化课学习仍需要引起运动员与家长的共同关注。

五、不同运动青少年篮球运动员天赋发掘的影响因素特征

（一）影响篮球运动员始训的重要人员

1. 家庭对篮球运动员始训的影响

家庭是对人的成长最早发生影响的外部环境之一。父母热爱体育运动并主动参与体育运动的行为，对孩子的影响非常大。如果父母能在家庭环境中为孩子营造良好的体育氛围，那么孩子对参与体育活动的兴趣就会大大增加。

表3-14显示：家庭对篮球运动员进行篮球运动持较为支持的态度，专业运动员的家长非常支持运动员进行篮球运动的高达68.18%，比较支持的仅占31.82%。其中家长对业余运动员进行篮球活动的支持率相比较专业运动员来说较低，其中非常支持占37.04%，比较支持和一般支持各占33.33%、25.93%，甚至有3.7%的家长不支持业余运动员参加篮球训练。在调查中我们可以知道业余运动员的家长不支持其参与篮球训练的原因是害怕耽误孩子的学习、浪费时间等。通过对比，专业运动员的家长比较支持甚至非常支持孩子们参加篮球训练，其大部分原因都是参加篮球训练对专业运动员来说有让其进入更高水平的机会以及能够通过专业训练进入更好的学校。

表3-14　家庭对运动员开始进行篮球运动的态度分析表（n=179）

类型	业余运动员（%）	专业运动员（%）
非常支持	37.04	68.18
比较支持	33.33	31.82
一般支持	25.93	0
不支持	3.7	0

家庭环境中支持孩子参加篮球运动会对孩子的运动员之路产生积极的影响。家庭的支持可以为孩子从事篮球运动提供更好的物质保证。

从运动员的家庭锻炼态度来看，家长对体育的热爱程度对于业余运动员和专业运动员都有或多或少的影响。根据表3-15可以得出：专业运动员家长

不热爱体育锻炼的仅占26.36%，而业余运动员家长不热爱体育锻炼占总人数的56.26%，这也是业余运动员未能达到专业水平的因素之一。而家长热爱锻炼往往会给孩子带来一定的影响，会在孩子成长过程中让孩子养成主动进行体育运动的习惯，从表3-15中我们可以看出，专业运动员的家长热爱锻炼的占73.64%，而业余运动员的家长热爱锻炼的占43.74%。因此，家人热爱体育锻炼对专业运动员始训有非常重要的引导和决定作用。

表3-15　运动员家庭锻炼态度调查分析表（n=179）

类型	业余运动员（%）	专业运动员（%）
家长热爱锻炼	43.74	73.64
家长不热爱锻炼	56.26	26.36

2. 教练员对篮球运动员始训的影响

在优秀篮球运动员的培养过程中，教练起主导作用。教练对运动员的影响在很大程度上决定着运动员能否成才。培养篮球运动员的过程就是塑造人的过程。而这个过程的实施者就是教练员，由此可见教练员的责任重大。

从表3-16可以看出，教练员对业余运动员始训并没有过多的影响，教练员对业余运动员非常影响和一般影响程度分别占18.52%和25.93%，在调查过程中我们可以得知，业余运动员进行篮球活动主要是因为对篮球运动有兴趣，而教练员对业余运动员不影响程度占总人数的55.56%，根据表3-16可以明显看出教练员对专业运动员始训的影响较高，分别占63.64%和22.73%，不影响专业运动员始训的仅占13.64%，教练员的选拔是专业运动员开始训练的条件之一，占总人数的50%。研究表示，教练员在运动员初次参与篮球训练中起到了重要的启蒙作用，教练员对于专业运动员来说是除了家人以外，在运动生涯期间接触比较多的人，运动员从开始参加训练直至有所成绩，都是在教练员的指导下完成的。

表3-16　教练员对运动员始训影响调查表（n=179）

类型	业余运动员（%）	专业运动员（%）
非常影响	18.52	63.64
一般影响	25.93	22.73
不影响	55.56	13.64

（二）影响篮球运动员始训的重要事件

篮球运动员在运动生涯中初次开始训练是其个人生命轨迹的一个重大转折点，意味着脱离了社会规定路线，进入了另一种发展轨迹。但影响篮球运动员开始参与训练的动机并非只有一种，在动机的共同作用下，才保持了运动员从事篮球运动的积极性。

兴趣是人们从事运动的一个重要的动力因素。根据调查研究，个人兴趣是促使运动员开始参加训练的重要因素之一，据表3-17调查显示，个人兴趣促使业余运动员开始参加训练的占66.67%，促使专业运动员开始参加训练的占22.73%，据了解大部分青少年在参与篮球训练前都有自己较为热爱并作为学习目标的篮球明星，国内外一些篮球联赛也受到了青少年的广泛关注，如：NBA、CBA等。观看篮球联赛促使青少年篮球运动员对篮球项目充满兴趣，并能够自愿参与篮球训练。由此可知，兴趣爱好是不同运动水平的运动员们参与活动、提高技术、努力训练的重要因素之一，同时是不断激励运动员们向更高运动水平发展的因素之一。

表3-17　运动员始训原因一览表（n=179）

类型	业余运动员（%）	专业运动员（%）
个人兴趣	66.67	22.73
校队选拔	22.22	13.64
教练员选拔	7.41	50
升学	3.7	13.64

根据表3-17可知，专业篮球运动员因校队选拔而开始训练的比率为13.64%，业余篮球运动员因校队选拔而开始训练的比率较高，为22.22%。由此可以看出，学校体育校队同样是运动员参与篮球训练的重要因素之一，在校园篮球的蓬勃发展下，校队除了参与比赛，更多的是向社会彰显自己学校的文化风采。因此郑州市各个中小学基本都有自己的学校代表队，校队的建立是运动员参与篮球项目的启蒙，更能为运动员今后技术水平的提高打下坚实的基础。

研究显示，教练员的选拔对专业运动员开始参与训练至关重要，占总比重的50%，而对业余运动员的影响较低，仅占7.41%。通过分析得知，专业篮球运动员在被教练员选拔前，普遍都有外观可见的优势特征，例如：身高、臂展、弹跳、思维迅速、行动敏捷等，教练员根据经验观察挑选有天赋的运动员将其培养成为专业运动员，因此，教练员选拔对专业运动员始训的影响较大。

从表3-17中得知还有部分青少年始训原因为升学，这部分运动员普遍学习成绩不太稳定，文化课基础较差，我国政策对于运动员们在升学上有一定帮助，学生可以通过体育加分，从而得到一个去更好学校就读的机会。专业运动员因升学参与训练的占比为13.64%；业余运动员始训原因为升学的占比较少，为3.7%。因此部分运动员希望通过体育在考试中的加分，可以在将来考学时弥补文化课上的不足，通过体育考取心仪的大学。

六、不同运动水平青少年篮球运动员天赋发展的影响因素特征

运动员成长既受制于物质环境也受制于社会心理环境，营造良好的社会心理环境是促进青少年运动员成才的重要保障。刘俊凯在其硕士论文中指出影响我国优秀篮球运动员成才的内部因素为心理因素、智力水平、思想品德等。外部因素为运动队水平、家庭因素、国家政治制度、观念意识等。

因此影响运动员天赋发展的因素有很多，根据调查，心理素质、成就目标、运动成绩、训练环境和教练员训练方式都对运动员的天赋发展产生了一定的影响。根据影响运动员天赋发展的因素调查，得出以下几个观点。

（一）心理素质对篮球运动员天赋发展的影响

心理素质对篮球运动员的天赋发展有极大的影响，良好的心理素质会使篮球运动员在训练或比赛中呈现出较强的自信心和自制力，也会使运动员养成果断、顽强拼搏的意志。

根据表3-18调查结果发现，心理因素对业余运动员产生的影响达到50.08%，对专业运动员产生的影响达到38.35%，通过表3-18我们研究发现，心理因素对业余运动员产生较高影响的主要原因是没有专业的教练或心理咨询

师帮助其疏导，导致业余运动员对心理素质方面过于欠缺，从而影响过大；而专业运动员由于日常比赛的影响及压力，教练员会将心理素质与实际训练相结合，把心理素质练习融入运动员的日常技战术、体能训练，从而提高青少年篮球运动员的整体心理素质。因此对专业运动员来说，心理素质的影响能够及时得到解决，对于其天赋发展的影响较小。

表3-18　影响不同运动水平篮球运动员天赋发展的因素（n=179）

类型	业余运动员（%）	专业运动员（%）
心理素质因素	50.08	38.35
成就目标因素	55.32	51.21
运动成绩因素	68.14	63.29
训练环境因素	41.28	52.56
教练员因素	39.56	64.17
其他	35.62	40.42

因此，我们可以看出，良好的心理素质不仅在篮球比赛中非常重要，对青少年篮球运动员个人的身心健康成长也至关重要，还可以使青少年球员在比赛中及时进行自我心理调控，进而使身心达到一种最佳状态。青少年篮球运动员具有良好的心理素质不仅能发挥出个人的正常水平，还能起到激发队友团结协作、奋力拼搏的昂扬斗志的作用。反之，心理素质脆弱的球员更容易出错，甚至还易出现由情绪失控而引发赛场斗殴等不和谐事件的发生。

（二）成就目标对篮球运动员天赋发展的影响

成就目标是指个体在追求成就以及希望获得成就的情境中努力去完成自己认为重要的或有意义的事情并不断激发自身学习动机的内在心理过程。成就目标的制定，对运动员比赛、训练表现都将起到至关重要的作用，它对运动员天赋的发展以及进入更高运动水平具有重要的意义。

研究发现，成就目标对于业余运动员天赋发展的影响达到了55.32%，对于专业运动员天赋发展的影响达到了51.21%，由此可见，成就目标无论是对于业余运动员还是专业运动员来说都非常重要，在调查过程中大部分运动员都表明在参与体育活动的过程中都希望获得成就，能够朝着更高的水平发展，努力完成自身对体育运动的追求，这对业余运动员以及专业运动员在训练过程中都有极大的帮助。运动员成就目标的高低决定了运动员能否成才，能否进入更高运动水平。但无论是任何目标，对于运动员自身的发展和提高都有有利和不利之处，对于成就目标的设定，我们也要根据自身的情况量力而行，若运动员将自身目标设定得太高就会产生否定自己能力的想法，如果出现训练的瓶颈或是比赛的失利，他们就会因此产生一种挫败感。

（三）运动成绩对篮球运动员天赋发展的影响

比赛是检验运动员技战术水平、身体素质、心理素质的重要阶段，也是检验教练员教学成果和运动员训练效果的一个重要环节，因此在训练时，只有不断通过比赛发现问题才能及时对训练效果进行检验，从而根据实际情况修改训练内容，使运动员能够将自身技术水平得到更好的发挥。因此运动成绩也是运动员通过天赋发展进入更高运动水平的因素之一。

根据表3-18研究发现，业余运动员认为运动成绩对自身天赋发展的影响为68.14%，专业运动员认为运动成绩对自身天赋发展的影响为63.29%，通过上表我们发现，运动成绩对于运动员天赋发展的影响是极大的，在调查过程中，大多数业余运动员表示运动成绩的高低决定了自己是否可以进入专业队进行更高水平的训练，提高自身的技战术水平，能够得到更全面的技术指导，而大多数专业运动员表示，运动成绩可以使自身在比赛过程中得到更高层次的教练的关注，促使自己得到教练的推荐而获得进入更高运动水平比赛的机会，代表全省或全国打比赛，使自身的技术水平得到更大的发挥。但运动成绩对运动员进入更高水平也有或多或少的消极影响，当运动员过于注重比赛结果时，就会产生不符合自身技术水平的成绩期望，这样运动员在比赛过程中会极其容易降低自身的自信心，增加参加比赛的焦虑，运动成绩就会有所下降；因此，只有让运动成绩对运动员产生积极的影响，才能让运动成绩作为运动员进入更高运动水平的捷径。

（四）训练环境对篮球运动员天赋发展的影响

训练环境对运动员成长、成才发挥着最直接、最自觉的影响，良好的训练环境是培养优秀运动员的前提和基础，有利于运动员的身体素质、专项技能的提高。研究发现，训练环境对业余运动员天赋发展的影响为41.28%，对专业运动员进入天赋发展的影响为52.56%，因此，训练环境也是影响运动员进入更高运动水平的因素之一。在调查过程中，业余运动员表示自身训练环境较差，通常是学校篮球场或体育俱乐部等，会出现设施不全面或损坏的现象，因此对业余运动员进入更高运动水平有一定的影响；而专业运动员表示，训练场地相对固定，但如果训练设施不完备，训练场地环境较差也会影响到专业运动员的训练进程。运动队环境就是篮球运动员成长、成才的基石。另外，运动队中队员之间和谐、互助的关系可以在无形中促进运动员的成长，通过相互交流可以增进友谊、增长专业知识、配合默契。良好的队员关系可以提高训练进度、完成高难度的技战术配合、减少失误率及不必要的丢分，因此，良好的训练环境是使运动员进入更高运动水平的有利因素。

（五）教练员训练方式对篮球运动员天赋发展的影响

教练员在青少年篮球运动员的全面发展中起着主导作用，教练员的训练方式决定了运动员自身天赋的提高。篮球运动员普遍认为教练员对自己天赋发展的作用非常大，教练员训练方式对业余运动员产生的影响达到39.56%，对专业运动员产生的影响达到64.17%，根据表3-18我们可以看出，教练员训练方式对业余运动员的影响不大，在调查过程中，业余运动员表示进行篮球训练时通常采用的是自由训练方式，运动员通常通过观看篮球教程或观看篮球比赛来学习篮球技术，很少有教练员去制订训练计划帮助其进行更准确的篮球训练。而大多数专业运动员表示教练员的训练方式对自己天赋的发展有极大的帮助。

如果教练员的训练内容丰富、训练方式有趣，就会使运动员在训练过程中充满兴趣，积极参与教练员所制订的计划，从而可以使运动员更快捷有效地进入更高的运动水平。相反，如果教练员的训练方式乏味无趣，就会导致运动员对训练失去兴趣，使运动员产生为了完成训练任务而参加训练的想法，影响运动员成绩的提高，甚至可能会导致运动员在训练中途退训或转专业等。

七、不同运动水平青少年篮球运动员的训练态度特征

（一）篮球运动员训练的喜好程度特征

从心理学观点看，一个人的成功成才不仅依靠其自身渊博的知识和聪明才智，更重要的其实是对自己所从事工作的向往以及强烈的兴趣，这种向往和兴趣是发自内心的源动力，是对未知事物的求知欲和渴望，是让自己在追寻知识中乐此不疲的动力，它可以让自己由易到难、由浅入深、一点点地积累丰富的知识。大量的事实也证明了，兴趣和爱好是构成自身求知动力的源泉。

如表3-19所示，当在调查“您对篮球运动的喜好程度”中，业余篮球运动员对篮球运动的兴趣喜爱程度高达62.96%，专业运动员对篮球运动非常喜爱的程度为40.91%，不喜欢篮球运动的仅占4.55%，可以看出多数人对篮球运动非常喜爱，尤其是业余篮球运动员对篮球运动的喜爱程度超过了专业的篮球运动员，在调查过程中，我们可以知道专业运动员不喜欢篮球运动的原因是因为训练过程太枯燥乏味以及比赛成绩压力过大等，但二者都认为兴趣才是维持运动的关键，也是让多数人选择篮球运动这一项目的关键。

表3-19　运动员对篮球运动的喜好程度一览表（n=179）

类型	业余运动员（%）	专业运动员（%）
非常喜欢	62.96	40.91
比较喜欢	25.93	31.82
喜欢	7.41	9.09
一般喜欢	3.1	13.64
不喜欢	0	4.55

根据调查研究得知，促使人们积极参加篮球训练的积极因素太多，大多数都是来自对篮球的兴趣爱好，无论是业余运动员还是专业运动员都表示兴趣是他们选择并坚持篮球运动的关键。

（二）篮球运动员训练的消极情绪特征

不良的情绪对运动员后续发展危害较大，它不仅影响运动员正确的思维判断，还会混淆运动员所做出的决定。在运动员运用技战术时也会对其造成一定影响，使其不能在比赛中将自身水平较好地发挥出来，这在一定程度上降低了运动员的自信心。

如表3-20所示，业余水平运动员对自己的消极情绪控制力较低，容易在训练中产生一系列消极情绪，影响接下来训练或比赛以及决策的指导完成能力。尤其对焦虑、犹豫、暴怒等情绪控制不当，业余水平运动员表示出现这些情绪的原因可能是因为自身没有机会进入更高运动水平或者与队友配合不当。专业运动员在参训过程中所产生的消极情绪大多是焦虑、犹豫以及消沉，专业运动员表示出现这些情绪的原因可能是在训练或比赛中的自身原因或是比赛成绩下降所导致的不良情绪。但是专业运动员在训练或比赛中可以及时地调整自己的情绪，以积极的状态继续参加训练或完成接下来的比赛。这是因为专业运动员接受过专业的心理素质培养，能够较快适应环境以及周边人员的变化和不良情绪对个人的影响。

表3-20　不同运动水平篮球运动员参训的消极情绪情况一览表（n=179）

消极情绪类型	业余运动员（%）	专业运动员（%）
焦虑	72.44	91.35
惊异	34.69	28.39
犹豫	90.81	66.66
暴怒	64.28	24.69
消沉	30.61	93.82
其他	33.67	59.25

通过调查研究发现，焦虑和犹豫这两种不良情绪无论是对业余水平运动员还是专业水平运动员来说，影响都是较大的。因此笔者认为要调整篮球运动员的消极情绪就要着重注意运动员这两个方面的情绪态度。

（三）篮球运动员对训练环境的期望

1. 青少年专业篮球运动员对训练环境的期望

多数专家认为外界训练环境的优劣直接影响运动员的成长，青少年专业篮球运动员对环境的期望主要包括训练条件、教练员的专业水平、科学的训练内容、比赛的数量与质量、训练设施与器材以及同队队员的竞争程度和人际关系等。

根据表3-21可以得知，大部分专业篮球运动员对当前的训练环境基本满意，其中表示非常满意的占13.64%，基本满意占54.55%，但是仍有27.27%对训练环境不满意，4.55%的人表示非常不满意。由此可以看出，当前的训练环境不能满足部分队员的需求。在调查过程中，部分不满意当前训练环境的运动员表示，希望可以增加比赛的数量和质量，同时完善训练场地设施，以此来满足日常篮球训练的需求。

表3-21　专业篮球运动员对训练环境的满意情况

类型	非常满意	基本满意	不满意	非常不满意
专业运动员	13.64%	54.55%	27.27%	4.55%

这项调查可以充分说明，要改善训练环境，如有关部门可以多举办一些高水平的篮球比赛，通过队伍之间相互交流经验以促进运动员技术水平的提高，同时在训练硬件设施和训练保障方面，应根据运动员的日常需要，使运动员训练与文化课学习相呼应，协调好训练与学习的时间，另外还要引导运动员正确处理好与教练员、队友等方面的关系，对篮球运动员的成长也有着积极作用。

2. 青少年业余篮球运动员对训练环境的期望

加强业余篮球后备人才培养，有助于提高高校整体篮球及体育水平。但由于现阶段业余篮球运动员缺乏专业教练的指导，业余运动员现有的技术水平以及训练环境并不能满足业余篮球运动员的需求，这对业余篮球运动员的发展是非常不利的。

根据表3-22我们可以看出，现阶段业余篮球运动员对训练环境非常满意的仅有2.4%，对训练环境基本满意的有30.27%，因此可以看出，现阶段业余篮球运动员对训练环境不满意的人数较多，其中对训练环境不满意的占50.89%，非常不满意的占16.44%。在调查过程中，业余篮球运动员表示，他们对现有的场地和设施不是很满意，普遍都认为场地器材较差、维修不及时、设备陈旧等，根本不能满足青少年的训练需求。大多数业余篮球运动员期望可以增加对业余篮球运动员训练的重视程度，安排专业的教练员对其进行系统的训练并使其有机会进入正规的专业训练平台，希望多增加运动场所以及业余篮球比赛，以促进自身技术水平的增长，使其有机会进入更高的平台。

表3-22　业余篮球运动员对训练环境的满意情况

类型	非常满意	基本满意	不满意	非常不满意
业余运动员	2.4%	30.27%	50.89%	16.44%

八、小结

（1）在调查有天赋运动员的始训原因中发现，专业运动员始训原因多是有利于升学以及教练员选拔参与篮球训练，业余篮球运动员始训原因多以个人兴趣为主。家人的支持、教练员的科学指导、良好的比赛条件与氛围也能决定运动员以后的发展水平。

（2）运动队环境是篮球运动员成才的关键，调查显示，无论什么水平的运动员都有着较高的个人成就预期，希望自己可以获取成功。学习与训练时间的矛盾是阻碍专业运动员水平进一步提高的问题所在，业余篮球运动员的训练方式不妥、场地器材的缺乏、比赛机会少都不利于业余篮球运动员技能水平的提高。

（3）无论运动水平的高低，家人、教练员都是影响青少年篮球天赋发掘的重要人员。家人的支持、教练员的引导推动了青少年的篮球发展。教练员的选拔对专业运动员天赋发掘的影响较大；个人兴趣对业余运动员天赋发掘的影响也较大。

（4）心理素质、成就目标、运动成绩、训练环境和教练员训练方式是影响青少年篮球运动员天赋发展的五大因素。其中，教练员训练方式是影响专业运动员天赋发展的最主要因素，运动成绩则是影响业余运动员天赋发展的最主要因素。

参考文献

[1] Aglioti S M, Cesari P, Romani M, et al. Action anticipation and motor resonance in elite basketball players [J]. Nature Neuroscience, 2008, 11 (9): 1109-1116.

[2] Altahayneh Z. The effects of coaches' behaviors and burnout on the satisfaction and burnout of athletes [J]. Doctoral dissertation (The Florida State University), 2003.

[3] Bai N, Dana A. The relationship between coaching behaviors and athletes' burnout in Golestan province futsal super league players [J]. Euro J of Exp Bio, 2013, 3 (6): 111-114.

[4] R Berengúí, Fayos E, FJ Ortín, et al. Optimism and burnout in competitive sport. Psychology [J], 2013, 04 (9A2): 13-18.

[5] Caccese T M, Mayerberg C K. Gender differences in perceived burnout of college coaches [J]. Journal of Sport Psychology, 1984, 6 (3): 279-288.

[6] Cañal-Bruland R, Balch L, Niesert L. Judgement bias in predicting the success of one's own basketball free throws but not those of others. Psychological Research [J], 2015, 79 (4): 548-555.

[7] Clough P, Earle K, Sewell D. Mental toughness: The concept and its measurement [J]. Solutions in sport psychology, 2002: 32-43.

[8] Coakley J. Burnout among adolescent athletes: A personal failure or social problem? [J]. Sociology of sport journal, 1992, 9 (3).

[9] Cohen G. Hemispheric differences in the effects of cuing in visual recognition tasks [J]. Journal of Experimental Psychology: Human Perception and Performance, 1975, 1 (4): 366.

[10] Cooper L. A. Mental rotation of random two-dimensional shapes [J]. Cognitive psychology, 1975, 7 (1): 20-43.

[11] Cooper L A，Shepard R N. Chronometric studies of the rotation of mental images [M]. 1973.

[12] Corballis M. C. Recognition of disoriented shapes [J]. Psychological review，1988，95（1）：115.

[13] Cresswell S L，Eklund R C.The convergent and discriminant validity of burnout measures in sport：a multi–trait/multi–method analysis [J]. Journal of Sports Sciences，2006，24（2）：209–220.

[14] Lange F P，Helmich R C，Toni I. Posture influences motor imagery：an fMRI study [J]. NeuroImage，2006，33（2）：609–617.

[15] Defreese J，Smith A L.Teammate social support，burnout，and self–determined motivation in collegiate athletes [J]. Psychology of Sport & Exercise，2013，14（2）：258–265.

[16] Endler N. Multidimensional assessment of coping：a critical evaluation [J]. J Pers Soc psychol，1990，58（5）：844.

[17] Fredricks J A，Eccles J S.Parental Influences on Youth Involvement in Sports [M]. 2004.

[18] Freudenberger H J. Staff burn out [J]. Journal of Social Issues，1974，30（1）.

[19] Goodger K，Gorely T，Lavallee D，et al. Burnout in sport：a systematic review. The Sport Psychologist [J]. 2007，21（2）：127–151.

[20] Gould，Daniel，Udry，et al. Burnout in competitive junior tennis players：a quantitative psychological assessment [J]. Sport Psychologist，1996.

[21] Gustafsson H，Hassmén P，Hassmén N. Are athletes burning out with passion? [J]. European Journal of Sport Science，2011，11（6）：387–395.

[22] Habacha H，Lejeune–Poutrain L，Margas N，et al.Effects of the axis of rotation and primordially solicited limb of high level athletes in a mental rotation task [J]. Human movement science，2014，37：58–68.

[23] Habacha H，Molinaro C，Dosseville F. Effects of gender，imagery ability，and sports practice on the performance of a mental rotation task [J]. Am J Psychol，2014，127（3）：313–323.

[24] Habacha H, Molinaro C, Tabben M, et al. Implementation of specific motor expertise during a mental rotation task of hands [J]. Exp Brain Res, 2014, 232 (11): 3465-3473.

[25] Hannay H J, Dee H L, Burns J W, et al. Experimental reversal of a left visual field superiority for forms [J]. Brain and Language, 1981, 13 (1): 54-66.

[26] Hanton S, Fletcher D, Coughlan G. Stress in elite sport performers: a comparative study of competitive and organizational stressors [J]. Journal of Sports Sciences, 2005, 23 (10): 1129-1141.

[27] Hayrettin GVMVŞDAǦ, Bastik C, Yamaner F, et al. Burnout in professional soccer players: the role of aggression and anxiety [J]. iib international refereed academic social sciences journal, 2013.

[28] Hegarty M, Waller D. Individual differences in spatial abilities [J]. The Cambridge handbook of visuospatial thinking, 2005: 121-169.

[29] Heil M, Rolke B.Toward a chronopsychophysiology of mental rotation [J]. Psychophysiology, 2002, 39 (4): 414-422.

[30] Heinen T. Does the athletes' body shape the athletes' mind? A few ideas on athletes' mental rotation performance. Commentary on Jansen and Lehmann [J]. Adv Cogn Psychol, 2013, 9 (2): 99-101.

[31] Higgins E T, Chen I L, Freitas A L, et al. Transfer of value from fit [J]. Journal of Personality and Social Psychology, 2003, 84 (6): 1140-1153.

[32] Hill A P, Hall H K, Appleton P R. Perfectionism and athlete burnout in junior elite athletes: the mediating role of coping tendencies [J]. Anxiety Stress & Coping, 2010, 23 (4): 415-430.

[33] DAP Hill. Perfectionism and Team Performance: Team-Oriented Perfectionism Drives Teams to Achieve Higher Performance in Competition [M]. 2013.

[34] Isgett S F, Fredrickson B L. The role of positive emotions in positive psychology. the broaden-and-build theory of positive emotions. American Psychologist, 2004, 359 (1449): 1367-1377.

[35] Freudenberger H J. Staff burn-out [J]. Journal of Social Issues, 1974, 30 (1) .

[36] Isen A M, Daubman K A, Nowicki G P. Positive affect facilitates creative problem solving [J]. Journal of Personality & Social Psychology, 1987, 53 (6) : 1122.

[37] Jackson R C, Mogan P. Advance Visual Information, Awareness and Anticipation Skill [J]. Journal of Motor Behavior, 2007, 39 (5) : 341-351.

[38] Jansen P, Lehmann J. Mental rotation performance in soccer players and gymnasts in an object-based mental rotation task [J]. Adv Cogn Psychol, 2013, 9 (2) : 92-98.

[39] Jansen P, Lehmann J, Van Doren J. Mental rotation performance in male soccer players [J]. PloS one, 2012, 7 (10) : 1310-1315.

[40] Jola C, Mast F. Mental Object Rotation and Egocentric Body Transformation: Two Dissociable Processes? [J]. Spatial Cognition & Computation, 2005, 5 (2) : 217-237.

[41] Jordan K, Wüstenberg T, Heinze, et al. Women and men exhibit different cortical activation patterns during mental rotation tasks [J]. Neuropsychologia, 2002, 40 (13) : 2397-2408.

[42] Jowett, Edward G.Perfectionism, engagement and burnout in youth sport and dance: A self-determination theory perspective [M]. Leeds: University of Leeds, 2014.

[43] Just M A, Carpenter P A. Cognitive coordinate systems: Accounts of mental rotation and individual differences in spatial ability [J]. Psychological review, 1985, 92 (2) : 72-137.

[44] Kaltner S, Riecke B E, Jansen P. Embodied mental rotation: a special link between egocentric transformation and the bodily self [J]. Frontiers in Psychology, 2014, 5: 1-11.

[45] Keehner M, Guerin S, Mb Turk D, et al. Modulation of neural activity by angle of rotation during imagined spatial transformations [J]. NeuroImage, 2006, 33 (1) : 391-398.

［46］Kell H J，Lubinski D，Benbow C P，et al.Creativity and technical innovation spatial ability's unique role［J］. Psychological science，2013，24（9）：1831-1836.

［47］Kessler K，Thomson L A. The embodied nature of spatial perspective taking：embodied transformation versus sensorimotor interference［J］. Cognition，2010，114（1）：72-88.

［48］Kosslyn S M，Maljkovic V，Hamilton S E，et al. Two types of image generation：evidence for left and right hemisphere processes. Neuropsychologia，1995，33（11）：1485-1510.

［49］Fredrickson B L，Levenson R W. Positive emotions speed recovery from the cardiovascular sequelae of negative emotions［J］. Cognition & Emotion，1998，12（2）：191-220.

［50］Latham G P，Seijts G，D Crim. The effects of learning goal difficulty level and cognitive ability on performance［J］. Canadian Journal of Behavioural Science，2008，40（4）：220-229.

［51］Locke E A，Latham G P.New directions in goal-setting theory［J］. Current directions in psychological science，2006，15（5）：265-268.

［52］Lonsdale C，Hodge K，Raedeke T D. Athlete engagement ：a qualitative investigation of relevance and dimensions［J］. International Journal of Sport Psychology，2007，38（4）：451-470.

［53］Luthans F，Youssef-Morgan C M，Avolio B J. Psychological capital：developing the human competitive edge［J］. Journal of asian economics，2007.

［54］Maglott J C，Chiasson D，Shull P B. Influence of skill level on predicting the success of one's own basketball free throws. PLoS ONE，2019，14（3）.

［55］Maslach C，Jackson S E. The measurement of experienced burnout［J］. Journal of Organizational Behavior，1981，2（2）：99-113.

［56］Maslach C，Jackson S E.Burnout in organizational settings In S. Oskamp（Ed.），Applied social psychology annual：Applications in organizational settings［M］. Beverly Hills：CA：Sage，1984.

[57] Mccullough M E, Emmons R A, Tsang J. The grateful disposition: a conceptual and empirical topography [J]. Journal of Personality & Social Psychology, 2002, 82 (1): 112.

[58] Memmert D, Unkelbach C, Ganns S. The Impact of Regulatory Fit on Performance in an Inattentional Blindness Paradigm [J]. J Gen Psychol, 2010, 137 (2): 129-139.

[59] Meneghetti C, Borella E, Pazzaglia F.Mental rotation training: transfer and maintenance effects on spatial abilities [J]. Psychological Research, 2015.

[60] Michelon P, Zacks J M.Two kinds of visual perspective taking [J]. Attention, Perception, & Psychophysics, 2006, 68 (2): 327-337.

[61] Moreau D. Differentiating two from three-dimensional mental rotation training effects [J]. The Quarterly Journal of Experimental Psychology, 2013, 66 (7): 1399-1413.

[62] Moreau D.Unreflective actions? complex motor skill acquisition to enhance spatial cognition [J]. Phenomenology and the Cognitive Sciences, 2015, 14 (2): 349-359.

[63] Moreau D, Clerc J, Mansy-Dannay A, et al.Spatial ability and motor performance: Assessing mental rotation processes in élite and novice athletes [J]. International Joural of Sport Psychology, 2011, 54 (3): 167-179.

[64] Moreau D, Clerc J, Mansy-Dannay A, et al. Enhancing Spatial Ability Through Sport Practice [J]. Journal of Individual Differences, 2012, 33 (2): 83-88.

[65] Moreau D, Morrison A B, Conway A. R. A. An ecological approach to cognitive enhancement: complex motor training [J]. Acta psychologica, 2015, 157 (5): 44-55.

[66] Müller S, Abernethy B. Batting with occluded vision: An in situ examination of the information pick-up and interceptive skills of high-and low-skilled cricket batsmen [J]. Journal of Science & Medicine in Sport, 2006, 9 (6): 446-458.

[67] Nafian S, Karimi E, Ghasemi M, et al. The effect of gender and sport field type on burnout levels in Iranian athletes [J]. Archives of Applied Science, 2014, 6 (4): 11-14.

[68] Nafian S, Vajdi E, Dehkordi A N, et al. Evaluation of stress and burnout levels among individual and team male athletes [J]. Medicinski Glasnik, 2014, 19 (53): 29-36.

[69] Neil R. (Re) conceptualizing competition stress in sport performers [D]. United Kingdom: Swansea University, 2007.

[70] Bozorghi N H A, Nikbakhsh R, Tojari F. The relationship between quality of life and burnout on athletes [J]. 2014, 24 (32): 119.

[71] Palmer C. The sports monograph: critical perspectives on socio-cultural sport, coaching and Physical Education [M]. 2014.

[72] Parsons L M. Imagined spatial transformation of one's hands and feet. [J]. Cognitive psychology, 1987, 19 (2): 178-241.

[73] Parsons L M. Temporal and kinematic properties of motor behavior reflected in mentally simulated action [J]. Journal of Experimental Psychology: Human Perception and Performance, 1994, 20 (4): 709.

[74] Pasand F, Rekabi A, Goodarzi A M, et al. The Comparison of Mental Rotation Performance in Team and Individual Sports of Students [J]. International Journal of Kinesiology and Sports Science, 2015, 3 (1): 21-26.

[75] Peters M. Sex differences and the factor of time in solving Vandenberg and Kuse mental rotation problems [J]. Brain and cognition, 2005, 57: 176-184.

[76] Peters M, Manning J T, Reimers S. The effects of sex, sexual orientation, and digit ratio (2D: 4D) on mental rotation performance [J]. Archives of Sexual Behavior, 2007, 36 (2): 251-260.

[77] Petra J, Jennifer L. Mental rotation performance in soccer players and gymnasts in an object-based mental rotation task [J]. Advances in Cognitive Psychology, 2013, 9 (2): 92-98.

[78] Pietsch S, Jansen P. Different mental rotation performance in students of music, sport and education [J]. Learning and Individual Differences, 2012a, 22 (1) : 159–163.

[79] Pietsch S, Jansen P. The relationship between coordination skill and mental rotation ability [J]. In Spatial Cognition VIII: Springer, 2012b: 173–181.

[80] Price M S, Weiss M R. Relationships among coach burnout, coach behaviors, and athletes' psychological responses [J]. The Sport Psychologist, 2000, 14 (4) : 391–409.

[81] Quested, Duda. Antecedents of burnout among elite dancers: a longitudinal test of basic needs theory [J]. Psychology of Sport and Exercise, 2011, 12 (2) : 159–167.

[82] Rad L S, Ghalenoei M. The relationship between leadership behavior and burnout among coaches and athletes [J]. European Journal of Experimental Biology, 2013, 3 (3) : 195–205.

[83] Raedeke T D. Is athlete burnout more than stress? A commitment perspective [J]. Journal of Sport & Exercise Psychology, 1997, (19) : 396–417.

[84] Raedeke T D, Smith A L. Development and preliminary validation of an athlete burnout measure [J]. Journal of sport and exercise psychology, 2001, 23 (4) : 281–306.

[85] Rieser J, Erdemir A, Khuu N T, et al. Knowing the Results of One's Own Actions Without Visual or Auditory Feedback When Walking, Throwing, and Singing [J]. Ecological Psychology, 2014, 26 (1/2) : 134–146.

[86] Ryan L R, Brownlow S, Patterson B. Women' s Mental Rotation Abilities as a Function of Priming [J]. Psychology, 2015, 6 (3) : 217–222.

[87] Saadati S, Nikbakhsh R, Afarinesh A. The relationship between emotional intelligence and athlete burnout [J]. Bulletin of Environment, Pharmacology and Life Sciences, 2014, 3 (4) : 61–65.

[88] Scanlan T, C P, Simons J. The sport commitment model: Measurement development for the youth-sport domain [J]. Sport and Exercise Psychology, 1993 (15) : 16–38.

[89] Schafer W. Stress management for wellness [M]. New York: Harcourt Brace College Publishers, 1996.

[90] Schmidt G.W., G.L. Stein. commitment: A model integrating enjoyment, dropout and burnout [J]. Journal of Sport& Exercise Psychology, 1991, (8): 254- 265.

[91] Schmidt M, Egger F, Kieliger M, et al. Gymnasts and orienteers display better mental rotation performance than non–athletes [J]. Journal of Individual Differences, 2015, 37 (1): 1–7.

[92] Schwarz N, Clore G L. Feelings and phenomenal experiences [J]. In A.K. Higgins (Ed.), Social psychology: Handbook of basic principles. New York, NY: Guilford, 1996, 2: 385–407.

[93] Seligman M E, Nolen–Hoeksema S, Thornton N, et al. Explanatory style as a mechanism of disappointing athletic performance [J]. Psychological Science, 1990, 1 (2): 143–146.

[94] Shepard R, Cooper L. Mental images and their transformations [M]. Massachusetts: MIT Press, 1986.

[95] Shepard R, Metzler J. Mental Rotation of Three–Dimensional Objects Abstract . The time required to recognize that two perspective drawings portray [J]. Science, 1971, 171: 701–703.

[96] Siegel–Hinson R I, McKeever W. F. Hemispheric specialisation, spatial activity experience, and sex differences on tests of mental rotation ability [J]. Laterality, 2002, 7 (1): 59–74.

[97] Silva. An analysis of the training stress syndrome in competitive athletic [J]. Journal of Applied Sport Psychology, 1990 (2): 5–20.

[98] Smith R E. Toward a cognitive–affective model of athletic burnout [J]. Journal of Sport Psychology, 1986, 8 (1).

[99] Steggemann Y, Engbert K, Weigelt M. Selective effects of motor expertise in mental body rotation tasks: comparing object–based and perspective transformations [J]. Brain and cognition, 2011, 76 (1): 97–105.

[100] Stoeber J, Stoll O, Pescheck E, et al. Perfectionism and achievement goals in athletes: Relations with approach and avoidance orientations in

mastery and performance goals [J]. Psychology of sport and exercise, 2008, 9 (2) : 102–121.

[101] Sylvie O, Jacques L, Molinaro C. Relation Between Sport and Spatial Imagery: Comparison of Three Groups of Participants [J]. The Journal of Psychology, 2004, 138 (1) : 49–64.

[102] Sylvie O, Larue J, Molinaro C. Relation Between Sport Activity and Mental Rotation: Comparision of Three Groups of Subjects [J]. Perceptual and motor skills, 2002: 1141–1151.

[103] Taylor–Piliae R E, Newell K A, Cherin R, et al. Effects of Tai Chi and Western exercise on physical and cognitive functioning in healthy community–dwelling older adults [J]. 2010, 18 (3) : 261–279.

[104] TM, C K, M C. Gender differences in perceived burnout of college coaches [J]. Journal of Sport Psychology, 1984 (6) : 279–288.

[105] Uchida Y, Mizuguchi N, Honda M, et al. Prediction of shot success for basketball free throws: Visual search strategy [J]. European Journal of Sport Science, 2014, 14 (5) : 426–432.

[106] Vandenberg S G, Kuse A. R. Mental rotations, a group test of three–dimensional spatial visualization [J]. Perceptual and motor skills, 1978, 47 (2) : 599–604.

[107] Vickers J N. Visual control when aiming at a far target [J]. Journal of Experimental Psychology. Human Perception & Performance, 1996, 22 (2) : 342.

[108] Voyer D. Time limits and gender differences on paper–and–pencil tests of mental rotation: a meta–analysis [J]. Psychonomic Bulletin & Review, 2011, 18 (2) : 267–277.

[109] Voyer, D, Bryden M. Gender, level of spatial ability, and lateralization of mental rotation [J]. Brain and cognition, 1990, 13 (1) : 18–29.

[110] Walker S P. Mindfulness and burnout among competitive adolescent tennis players [J]. South African Journal of Sports Medicine, 2013, 25 (4) : 105–108.

[111] Yildiz S M. The relationship between bullying and burnout: An empirical investigation of Turkish professional football players [J]. Sport, Business and Management: An International Journal, 2015.

[112] Wright R, Thompson W L, Ganis G, et al. Training generalized spatial skills [J]. Psychonomic Bulletin & Review, 2008, 15 (4): 763–771.

[113] Wu Y, Zeng Y, Zhang L, et al. The role of visual perception in action anticipation in basketball athletes [J]. Neuroscience, 2013, 237 (5): 29–41.

[114] Yamada M, Mastumoto D. The Reaction Time of Mental Rotation Predicts Strain in Rugby Players [J]. Journal of Physical Therapy Science, 2009, 21 (2): 177–181.

[115] Yan J, Sun J, Guo X, ey al. Motor imagery cognitive network after left ischemic stroke: study of the patients during mental rotation task [J]. PLos One, 2013, 8 (10): e77325.

[116] Yang M H, Yeh C T, Yang H W, et al. The impacts of perceived organizational support and psychological capital on sport burnout of junior high school physical education students [J]. Life Science Journal, 2013, 10 (3): 1946–1956.

[117] Yazmir B, Reiner M. I act, therefore I err: EEG correlates of success and failure in a virtual throwing game [J]. International Journal of Psychophysiology: Official Journal Of The International Organization Of Psychophysiology, 2017, 122: 32–41.

[118] Yildiz S M. The relationship between bullying and burnout: An empirical investigation of Turkish professional football players [J]. Sport, Business and Management: An International Journal, 2015.

[119] Zacks J M, Ollinger J. M., Sheridan M. A., et al. A Parametric Study of Mental Spatial Transformations of Bodies [J]. NeuroImage, 2002, 16 (4): 857–872.

[120] Zheng G, Liu F, Li S, et al. Tai Chi and the protection of cognitive ability: a systematic review of prospective studies in healthy adults [J]. 2015, 49 (1): 89–97.

[121] 白喜林，黄文彦，吴源. 中国篮球运动的持续发展与篮球后备力量[J]. 北京体育大学学报，1990（3）：10-12.
[122] 毕晓婷，张力为. 运动性心理疲劳成分的动态变化及其归因[J]. 天津体育学院学报，2013，28（5）：6.
[123] 蔡理，季浏. 运动中疲劳与心理耗竭若干问题研究述评[J]. 体育学刊，2005，12（3）：3.
[124] 陈秋明. 特异性天赋选材与定向基础训练的理论与实践研究[J]. 福建体育科技，2012（4）：25-26，32.
[125] 陈向明. 质的研究方法与社会科学研究[M]. 北京：教育科学出版社，2000.
[126] 陈旭. 12—17岁少年篮球运动员智能特征分析[D]. 重庆：西南师范大学，2005.
[127] 陈作松. 运动员倦怠的测量与ABQ的初步修订[J]. 体育科学，2007，27（8）：68-72，77.
[128] 陈作松，周爱光，徐建清. 应激与运动员倦怠关系及其中介变量研究[J]. 上海体育学院学报，2011，35（2）：7.
[129] 陈作松，周爱光，张永龙. 运动员倦怠的研究评述[J]. 成都体育学院学报，2008，34（8）：5.
[130] 陈作松，周爱光. 运动员倦怠的测量与ABQ的初步修订[J]. 体育科学，2007，27（8）：6.
[131] 池建，邢文华，林珍瑜. 儿童、少年篮球运动员选材标准的研制过程与方法[J]. 北京体育学院学报，1993.
[132] 迟立忠，张力为. 当代运动心理学进展：竞技心理[J]. 北京体育大学学，2013（9）：8.
[133] 杜会娟，张艺宏，赵娜. 试述黑人的运动天赋[J]. 四川体育科学，2014（4）：11-14，25.
[134] 杜利军. 苏联优秀运动员后备力量培养体制的改革与发展——兼谈我国后备力量培养工作中的几个问题（摘要）[J]. 中国体育科技，1990（3）：2.
[135] 段娇博. 模拟失重状态心理旋转认知加工脑机制[D]. 西安：第四军医大学，2015.

[136] 冯燕. 游泳运动员大负荷训练中心理、生理疲劳和应对方式 [J]. 天津体育学院学报，2004，19（3）：4.
[137] 冯燕. 运动员压力知觉和应对策略研究的现状与趋势 [J]. 成都体育学院学报，2005，31（2）：5.
[138] 高国贤，练碧贞，任弘. 我国青少年篮球运动员选材指标体系的哲学审视 [C] //2017年全国竞技体育科学论文报告会论文摘要汇编. 2017：25–26.
[139] 葛杨，张力为. 运动性心理疲劳的IAT测量 [J]. 体育科学，2014（9）：72–81，86.
[140] 周武，郭永波.《我国青少年儿童篮球教学训练大纲》的编制模式研究 [J]. 北京体育大学学报，2007（9）：1261–1262，1268.
[141] 惠陈隆. 对篮管中心组织的全国性少年篮球竞赛现状分析及对策研究 [D]. 北京：北京体育大学，2005.
[142] 孔庆玮. 恢复训练在游泳运动中重要性 [J]. 南京体育学院学报：自然科学版，2005（2）：47–48.
[143] 李鸿彬. 黑龙江省业余体校篮球训练管理现状的调查与对策 [D]. 长春：东北师范大学，2006.
[144] 李佳. 对吉林省乒乓球后备人才现状的调查与分析 [J]. 体育科技文献通报，2008（11）：37–39.
[145] 李伟，毛志雄，周忠革. 中国运动领域应对研究的现状与展望 [J]. 体育科学，2005（2）：82–85，94.
[146] 梁宝勇. 应对研究的成果、问题与解决办法 [J]. 心理学报，2002，34（6）：643.
[147] 梁观绍. 中美两国培养篮球运动员途径的比较与分析 [J]. 体育师友，1994（3）：39.
[148] 林晖芸，汪玲. 调节性匹配理论述评 [J]. 心理科学进展，2007，15（5）：749–753.
[149] 林岭，张力为. 运动性心理疲劳问题的研究现状 [J]. 心理科学进展，2007（3）：524–531.
[150] 林文胜. 学校体育与体育后备人才培养 [J]. 上海电机学院学报，2006（S1）：75–77.

[151] 刘方琳，张力为. 运动员心理疲劳的定性探索 [J]. 体育科学，2004（11）：37–44.

[152] 刘方琳. 运动情境中心理疲劳的性质、原因及应对 [D]. 北京：北京体育大学，2005.

[153] 刘茜. 调节匹配与压力及整体—局部加工方式对篮球运动员决策的影响 [D]. 北京：北京体育大学，2014 .

[154] 林文胜. 学校体育与体育后备人才培养 [J]. 上海电机学院学报，2006（S1），75–77.

[155] 刘方琳，张力为. 运动员心理疲劳的定性探索 [J]. 体育科学，2004（11）：37–44.

[156] 刘绍曾，杨东东，董翠香，等. 对我国学校课余训练现状的调查与分析 [J]. 中国学校体育，1996（1）：67.

[157] 陆颖之. 经验运动员动作预期优势的线索加工特征及其机制研究 [D]. 上海：上海体育学院，2017.

[158] 乔玉成. 运动员杰出运动能力的获得及其影响因素 [J]. 体育学刊，2010（12）：82–86.

[159] 曲宗湖，尚大光，刘绍曾，等. 2000年中国学校体育和卫生发展战略研究 [J]. 北京体育师范学院学报，1997（3）：17–30.

[160] 施之皓，章建成，任杰，等. 比赛重要性及比赛进程与顶级乒乓球运动员心理状态的关系 [J]. 体育科学，2015，35（6）：41–44，72.

[161] 姒刚彦，蒋小波. 望闻问切——中国运动员心理训练的社会—文化脉络初探 [J]. 天津体育学院学报，2011，26（3）：191–195.

[162] 姒刚彦. 追求“最佳”还是强调“应对”——对理想竞技表现的重新定义及心理训练范式变革 [J]. 体育科学，2006（10），43–48，53.

[163] 宋薇. 用事件相关电位检验表象能力差异的实验研究 [D]. 北京：首都体育学院，2008.

[164] 苏新荣. 运动天赋型人才培养之路径与政策研究.江苏省社会科学界联合会 [C] //江苏省第八届学术大会学会专场论文哲学社会类论文汇编.2014：2681–2686.

[165] 孙利红，张力为. 运动领域中动机对自我损耗的影响 [J]. 武汉体育学院学报，2014（8）：69–75.

[166] 孙亦峰. 我国少年篮球运动员培养现状与对策研究 [D] 苏州：苏州大学，2008.

[167] 田野，王清，冯连世，等. 优秀运动员运动训练科学监控与竞技状态调整 [J]. 体育科学，2008，28（9）：3-11.

[168] 仝敬平. 基于ExAC数据库分析运动天赋基因多态性位点在不同种群中的分布频率 [J]. 西安体育学院学报，2018（4）：478-487.

[169] 王安利，朱天明，王林，等. 过度训练的研究及进展 [J]. 北京体育大学学报，1999（4）：58-62，109.

[170] 王安利，朱天明，王林，等. 过度训练的研究及进展（综述）[J]. 北京体育大学学报，1999（4）：58-62，109.

[171] 王宝明，张宇，马毅，等. 训练环境的改变对自由式滑雪空中技巧国家队男运动员心理状态的影响 [J]. 沈阳体育学院学报，2016，35（3）：120-124.

[172] 王斌，叶绿，吴敏，等. 心理坚韧性对运动员倦怠的影响：应对方式的中介作用 [J]. 武汉体育学院学报，2014（8）：63-68.

[173] 王翠萍. 运动员完美主义及其与运动性心理疲劳关系研究 [J]. 中国健康心理学杂志，2011（7）：835-836.

[174] 王洪彪. 运动决策情境中认知加工理论模型的初步构建 [J]. 沈阳体育学院学报，2013，32（3）：28-32.

[175] 王慧琳. 对我国少年女子（13～15岁）篮球运动员身体素质、基本技术评价模型的研究 [J]. 体育科学，2001（4）：65-68.

[176] 王积福，黄志剑，于淋. 情绪词语对摔跤运动员心理表象影响的事件相关电位研究 [J]. 中国运动医学杂志，2015（4）：388-393.

[177] 王家宏，茅鹏. 关于儿童、少年篮球适宜形式的研究 [J]. 中国体育科技，1997（Z2）：4.

[178] 王进. 解读“反胜为败”的现象：一个“Choking”过程理论 [J]. 心理学报，2004（5）：621-629.

[179] 王君侠，杨柳霞. 论现代竞技体育教练员的模式及特点 [J]. 西安体育学院学报，2000（1）：145-150.

[180] 王希，张忠秋，张连成，等. 外部动机内化对运动员心理疲劳的影响 [J]. 天津体育学院学报，2014，29（5）：381-388.

［181］王希，张忠秋，张连成，等. 外部动机内化对运动员心理疲劳的影响［J］. 天津体育学院学报，2014（5）：381–388.

［182］吴殷. 篮球运动员的视觉—运动知觉预测特征及fMRI研究［D］. 上海：上海体育学院，2013.

［183］邢淑芬，俞国良，王良玉. 关于运动员倦怠的研究述评［J］. 北京体育大学学报，2007（4）：486–488.

［184］徐本力. 早期运动训练方法的优化理论——对早期训练科学化几个理论问题的再认识（之四）［J］. 山东体育学院学报，2002（1）：6–12.

［185］徐璐. 乒乓球运动员决策过程认知加工特征的研究［D］. 上海：上海体育学院，2010.

［186］姚家新，张力为，李京诚，等. 运动心理学研究进展［J］. 天津体育学院学报，2008，23（1）：1–10.

［187］叶绿. 运动员投入的影响因素及其机制［D］. 武汉：华中师范大学，2014.

［188］张博. 正确感和错误感对判断任务的影响［D］. 长春：吉林大学，2010.

［189］张春青，钟伯光，姒刚彦. 运动员运动生涯逆境及应对的质性研究［J］. 武汉体育学院学报，2012（8）：67–73.

［190］张丹. 我国竞技篮球后备人才培养体系的研究［D］. 武汉：武汉体育学院，2008.

［191］张寒梦，张力为. 无意识自我控制目标启动对自我损耗的补偿效应［J］. 心理科学，2019，42（3）：563–569.

［192］张力为，林岭，赵福兰. 运动性心理疲劳：性质、成因、诊断及控制［J］. 体育科学，2006（11）：49–56，74.

［193］张连成，李四化，刘羽. 运动性心理疲劳的理论研究进展述评［J］. 体育学刊，2014（1）：98–103.

［194］张连成，张力为，刘嘉蕙，等. 运动员心理疲劳与运动动机之间的关系［J］. 北京体育大学学报，2010，33（11）：74–76.

［195］张素婷，迟立忠，董哲. 以积极心理学视角反思运动性心理疲劳［C］// 心理学与创新能力提升——第十六届全国心理学学术会议论文集，2013：1955–1956.

［196］张铁民，韩冬，辛绍权. 优秀女子散打运动员心理状态监测与训练［J］. 上海体育学院学报，2009，33（3）：82–86.

［197］张铁民. 排球运动员判断发球落点任务中视觉搜索模式分析［J］. 体育学刊，2016，23（6）：63–70.

［198］张烨，张力为. 运动员自我控制训练的分类研究进展［J］. 中国运动医学杂志，2017，36（10）：910–914.

［199］张忠秋. 运动心理学在竞技体育领域的研究发展与应用［J］. 天津体育学院学报，2012，27（3）：185–191.

［200］赵晶，闫育东，武国政. 对我国少年男子篮球特高运动员成长状况的追踪调查与研究［J］. 中国体育科技，2000，36（12）：4.

［201］赵祁伟，陆颖之，周成林. 新兴技术融合发展下竞技运动心理学研究进展、实践与展望［J］. 上海体育学院学报，2020，44（11）：18–27，54.

［202］赵晓虎. 对我国少年阶段篮球竞赛组织系统的优化研究［J］. 浙江体育科学，2006（4）：19–20，79.

［203］郑磊，李东明. 我国青年男子篮球运动员身体对抗能力与心理因素的相关分析［J］. 北京体育大学学报，2011，34（2）：110–112.

［204］钟秉枢. 运动员三部曲之一，从非运动员到运动员：运动天赋的展现［J］. 中国体育教练员，2004（2）：8–9.

［205］钟嘉奎. 论中国篮球运动后备人才的培养［J］. 山东师大学报：自然科学版，2004（3）：107–109.

［206］周成林，赵洪朋. 心理技术在我国竞技体育运动中应用的回顾与展望［J］. 上海体育学院学报，2009，33（2）：59–64.

［207］周兴伟，荣丽. 我国优秀少年篮球运动员皮纹特征与皮纹选材［J］. 北京体育大学学报，2006（4）：481–483.

［208］周毅刚，郭玉江. 优秀运动员运动疲劳、社会支持与心理健康的相关关系［J］. 体育学刊，2007（5）：63–67.

［209］左威. 论博尔特的运动天赋与勤奋［J］. 湖北体育科技，2009（2）：176–178.